Stéphane **Faucourt**
Yann **Leroux**

STAR WARS

40 ans de French Culture

avec
Jean **Bernard**
Jérôme **Brun**
Pascal **Delvordre**

2018

Ce livre est un ouvrage non-officiel écrit par des fans de la saga « Star Wars » pour d'autres fans et collectionneurs de produits dérivés. Il apporte le regard et point de vue des auteurs d'après des travaux de recherche basés sur des objets et documentations accessibles au grand public.

Les illustrations présentées dans cet ouvrage ne sont utilisées qu'en appui de la thèse éditoriale, et proviennent de photos originales, prises par les auteurs, d'après des produits dérivés et documents publics détenus par des collectionneurs privés ; il ne s'agit en aucun cas de reproduction d'objets considérés comme uniques ou de facsimilés.

Ce livre est réalisé en auto-édition et diffusé en tirage limité. Toute marque ou détenteur de droits d'une marque qui s'opposerait à ce que certains documents, même publics, ne soient présentés dans cet ouvrage, est invité à contacter l'auteur pour un retrait immédiat.

Star Wars, la Guerre des Etoiles, les titres des films, logos, noms et personnages associés, sont des marques déposées ©2018 Lucasfilm LLC &™. Les nombreuses marques citées dans ce livre sont des marques déposées par leurs propriétaires respectifs.

Ce livre et ses auteurs ne sont ni associés, ni autorisés, ni approuvés, ni publiés par Lucasfilm Ltd. Les propos, avis, informations contenus dans cet ouvrage ne reflètent que l'avis de l'auteur et en aucun cas les avis et opinions des compagnies citées ou de leurs employés.

Aucune partie de ce livre ne peut être exposée, reproduite ou transmise de quelque façon que ce soit, mécanique ou électronique, y compris – et sans limitation – photocopie, système d'enregistrement et de duplication, sans l'autorisation expresse et écrite des auteurs.

© 2018 Stephane Faucourt - Yann Leroux. Tous droits réservés.
Dépôt légal Mai 2018
ISBN 978-2-9527-0465-6

La genèse de ce livre remonte à un soir de septembre 2014 dans un restaurant du 14° arrondissement de Paris proche du métro Alésia. Nous étions attablés entre amis collectionneurs et passionnés à discuter de nos sujets favoris et de l'actualité *Star Wars* à venir comme la convention Celebration en Californie pour le quarantième anniversaire de la sortie au cinéma, et bien sûr la nouvelle trilogie avec l'Episode 7 qui était annoncé pour fin 2015…

C'est à ce moment-là qu'est venue l'idée de commémorer aussi le quarantième anniversaire français de *La Guerre des Etoiles* au moyen d'un livre qui présenterait des objets et collections représentatives de la saga sous l'angle « French Touch ».

Nous tenions le pitch, et en combinant nos propres collections et les contributions d'amis collectionneurs, nous avions toute la matière pour retracer 40 ans de produits dérivés et promotions emblématiques. La gestation de « *Star Wars, 40 ans de French Culture* » pouvait commencer.

Nous étions loin de nous imaginer que cet ouvrage nécessiterait quatre années de séances régulières, mais le résultat est là : vous vous apprêtez à visualiser, voire redécouvrir, quatre décennies de produits distribués en France. Nous avons fait le choix de privilégier les belles compositions photographiques illustrées de descriptifs concis et anecdotes personnelles des auteurs, plutôt qu'une vue exhaustive des collections. Certains produits n'ont de particulier que l'emballage alors que d'autres sont exclusifs au marché français, mais tous sont représentatifs de l'attrait porté à *La Guerre des Etoiles / Star Wars* par le public français.

Nous espérons que vous aurez autant de plaisir à découvrir ces pages que nous en avons eu à les composer, et nous tenons à remercier chacun d'entre vous qui nous soutenez et nous accompagnez depuis de nombreuses années.

Nous remercions également nos familles et amis pour leur soutien, et particulièrement pour leur contribution Matthieu Barthélemy, Richard Blin, Pierre D'Ovidio, Gérald Gless, Duncan Jenkins, Gus Lopez, Luc Robin, Steve Sansweet, et Michel Verpoorten.

Qui pourrait oublier le fameux burger Dark Vador ? Avec son pain à l'encre de poulpe aussi noir que du charbon, cet hamburger en édition limitée à la France (et à la Belgique) attira l'attention des fans de Star Wars du monde entier. C'est seulement l'un parmi les centaines de produits avec une touche Française qui agrémentent les pages de ce magnifique ouvrage, et qui montre à quel point *Star Wars* et la culture françaises interagissent depuis plus de quatre décennies. Par ses belles photographies et ses textes agréables et parfois décalés, *Star Wars : 40 ans de French Culture* est une véritable madeleine de Proust pour ceux qui ont vécu l'époque et vu beaucoup de ces objets d'Wars, ou ceux qui les collectionnent. C'est aussi un voyage historique amusant pour ceux qui ont découvert Star Wars plus récemment.

Star Wars a été un phénomène planétaire dès sa sortie en salles aux U.S.A. en 1977, et le public Français a toujours joué un rôle important dans le succès de la franchise. Les enfants tout comme les collectionneurs adultes ont toujours été accros aux produits dérivés et promotions associés.

Meccano (licencié pour les jouets) distribua certaines figurines Star Wars sur un format d'emballage carré unique au monde, devenus des objets hautement désirés et onéreux à ce jour, ainsi que des jeux de société, des visionneuses de diapositives, et surtout le bel ensemble de jeu cartonné Etoile Noire pour figurines, jamais commercialisé aux U.S.A.

Je trouve régulièrement des objets Français incroyables dans les magasins ou conventions, comme les masques César, qui dépassent de loin la qualité de leurs équivalents américains. Ce livre me remémore aussi les souvenirs de journées passées à hanter les magasins parisiens à la recherche d'objets Star Wars à chaque visite en France, ou lors de conventions comme au Grand Rex.

Je me rappelle être allé à un kiosque à journaux dans Paris pour acheter un rouleau entier de 100 tickets de loterie Episode I. Comme je n'en ai jamais gratté un seul, j'ai peut-être bêtement raté la chance de gagner quelques milliers de Francs. Parcourir la ville sous la pluie essayant de choisir entre mon parapluie et de grandes boîtes de Panettone m'a valu d'être trempé jusqu'aux os. Et traquer les aimants et autocollants de la promotion Le Gaulois Episode III – sans mentionner les 70 emballages possibles – m'a valu le surnom de «Mr Poulet» lors d'une convention. Comme le démontre ce livre, un simple emballage de Croq Gaulois peut s'avérer être un véritable trésor !

Stephen J. SANSWEET
Directeur de Rancho Obi-Wan, Petaluma, Californie, U.S.A.

Steve dirige le Rancho Obi-Wan, un musée à but non-lucratif officiellement reconnu par le livre Guinness des Records comme la plus importante collection d'objets Star Wars au monde (www.ranchoobiwan.org). Situé en Californie (U.S.A.), en périphérie de la région des vignobles près de San Francisco, le musée est ouvert aux visites sur réservation et événements. Steve est l'auteur / co-auteur de 17 livres sur Star Wars et pléthore d'articles sur le sujet tous supports confondus. Durant quinze années, il occupa le poste de Responsable du contenu éditorial et Directeur des relations avec les fans chez Lucasfilm ; fonctions qu'il poursuivit en consultant après son départ en retraite. Auparavant, Steve fut Rédacteur en chef du bureau de Los Angeles pour le Wall Street Journal

Jean BERNARD
Collectionneur
Marchand de jouets anciens à la boutique
«Quand j'étais petit garçon», Paris 14°, France

La France a toujours aimé la *Guerre des Etoiles* et les collectionneurs du monde entier apprécient et recherchent les produits dérivés français. Leur aspect unique, leur caractère tantôt naïf tantôt excessif en font des objets de collection bien particuliers.

Si d'aucuns ont eu vingt ans dans les Aurès, si d'autres trentenaires ont vécu la fin des « Trente Glorieuses » dans les années 1970, nous avions dix ans en 1979. Nous sommes les enfants de la science-fiction, ceux de *Moonraker* et de *Superman*, de *Goldorak* et de *Strange*. Toutefois, la grande star de notre enfance, c'est bien *Star Wars*.

Nous avons été les premiers à déballer de leurs blisters carrés les petites figurines articulées; à collectionner les cartes Palmito et les vignettes Panini; à transférer les décalcomanies Letraset en écoutant « *Le mambo du décalco* » de Gotainer. *La Guerre des Etoiles* devait se trouver partout : dans la chambre et dans les rêves, du caddie des courses jusque dans la cuisine, dans le cartable et la cour de récréation… Fans de la première heure, nous sommes les gardiens du temple… D'une mémoire nostalgique d'un temps où il faisait bon s'aventurer dans la galaxie avec la Princesse.

Ce nouveau livre recrée les conditions d'un voyage dans le lointain et l'espace. Le sérieux et la passion des auteurs combinés à leur expérience éditoriale est un gage de qualité. Le grand George Lucas s'est passionnément investi dans ses films sans bouder son plaisir, avant d'enchanter des millions de spectateurs. C'est sans doute la clé de sa réussite.

Si tout a déjà été écrit sur la saga interstellaire, heureusement, tout n'a pas encore été pensé…

Je fais partie de la génération qui a grandi avec la trilogie *Star Wars* - j'avais six ans lorsque le premier film sortit et guère plus lorsque mes parents m'offrirent d'emblée les 12 premières figurines. Le succès de la *Guerre des Etoiles* se fit progressivement par le bouche à oreille et l'engouement fut immédiat tous âges confondus. Les jouets *Star Wars* étaient mes favoris, probablement grâce aux nombreuses publicités relayées dans le magazine PIF Gadget. Ma passion pour les films et la démocratisation de la vidéo à domicile me permirent de garder la flamme jusqu'en 1995 même durant les années creuses ; année décisive pour de nombreux fans de la première heure. La découverte des Comic shops aux U.S.A. fut mon déclic et me décida à compléter ma collection de figurines. Puis très vite, je m'intéressais à l'histoire de ces jouets, aux documents, et autres produits dérivés, au point d'entreprendre un travail permanent de recherche basé sur les objets, le marketing associé, complété d'entretiens avec les personnes ayant travaillé à promouvoir et commercialiser ces produits dans l'hexagone.

Au fil du temps, j'ai réuni l'une des plus importantes collections Européennes de jouets et documents sur la gamme Française couvrant la période 1977-86. Cela m'a conduit à publier plusieurs ouvrages : *Meccano to Trilogo* en 2006, révélant ces gammes aux collectionneurs du monde entier ; *La French Touch* (2013/2016) présentant l'ensemble des produits dérivés et documents réalisés en France durant la période de la Trilogie originale ; *La Guerre des Etoiles – La saga vue de France* (co-auteur) en 2015, premier livre officiel directement destiné au marché français ; et plus récemment des livres créés avec d'autres fans devenus amis - *Le Guide de Poche Meccano-Trilogo* (2016), un formidable outil pour collectionneur, et enfin ce livre que vous tenez en mains. Je m'atèle à présent à promouvoir les produits collector français et leur histoire au travers d'internet, de conférences en conventions comme « Générations Star Wars » (France) ainsi que les « Star Wars Celebration » officielles de par le monde.

STÉPHANE FAUCOURT

AVEC LA CONTRIBUTION DE :

JERÔME BRUN

Tout a réellement commencé en 1983. J'avais onze ans lorsque je me suis retrouvé dans une salle de cinéma pour voir un film, et quel film ! *Le Retour du Jedi*. Ce fût un moment inoubliable. Le lendemain une seule chose comptait, me précipiter dans les magasins de jouets pour acheter les figurines du film. Ma collection venait de commencer… Les autres produits dérivés étant plutôt rare en France, j'utilisais les livres-disques racontés par Dominique Paturel pour me replonger au coeur des films. Après quelques années, je recommençais ma collection en 1995 avec les nouveaux jouets qui accompagnaient la ressortie de la Trilogie au cinéma. Au fil des années j'ai recentré mes recherches sur les produits dérivés vintage français, que ce soit une simple carte postale, un autocollant, ainsi que les nombreuses revues de l'époque qui nous en apprennent encore beaucoup à ce jour. Ces dernières années je m'intéresse aussi aux variations de figurines et aux produits alimentaires et promotions qui envahissent régulièrement les rayons de nos supermarchés. Ma collection compte à présent plus de dix mille articles, et j'espère transmettre ma passion à mes enfants pour continuer cette collection entamée il y a bien longtemps…

La Guerre des Etoiles est entrée très tôt dans ma vie pour ne plus jamais en sortir. C'est à l'âge de 6 ans que j'ai découvert au cinéma *Star Wars* à sa sortie en salles. Coup de foudre immédiat ; Une passion était née... Une collection également. Et immédiatement je remercie mes parents pour m'avoir demandé de garder les boîtes de mes jouets pour pouvoir les ranger après usage, je partais sur de bonnes bases. 40 ans après, on n'imagine pas tout ce que l'on a pu accumuler. Après avoir assisté à la lente agonie de cette licence fin des années 80, ce n'est que lorsque le monde professionnel s'ouvrit à moi que *Star Wars* décida de refaire parler de lui !!!

En tant que Directeur Artistique / Graphiste, et conseiller Jouet Garçon pour l'enseigne à la Girafe, j'ai eu l'opportunité de travailler pour des industries cinématographiques et le monde du jouet, témoin notamment de la campagne marketing Episode I avec Hasbro, les «Midnight Madness» avec Toys'R Us et de nombreux plans marketing. Puis internet arriva, et tout changea. La logique des choses fut de devenir un membre de l'équipe « Mint in Box », un site d'informations tout juste naissant, et ce durant cinq années. Rédigeant des articles, me déplaçant pour couvrir des événements ou réaliser des interviews. Enfin vivre et partager pleinement sa passion grâce à cet outil formidable. Et c'est par l'intermédiaire de Pierre D'Ovidio (un des membres fondateur de MIB) que j'ai rencontré Stéphane : La French Touch, et surtout une amitié était née. Le résultat fut très prolifique avec de nombreuses conceptions de couvertures et le style visuel de ses livres, ainsi que le matériel promotionnel associé.

Avec ce nouveau livre nous souhaitions fêter les 40 ans de franchise en France. S'aventurer hors des sentiers battus de la galaxie vintage et vous faire découvrir ou redécouvrir des objets originaux, rares, usuels, insolites de 1977 à nos jours.

YANN LEROUX

PASCAL DELVORDRE

Dès 1977, je me suis passionné pour « *La Guerre des étoiles* », son histoire intersidérale innovante à l'époque avec ses héros, ses vilains et les robots Z-6PO et D2R2. Cette passion ne s'est pas démentie au cours de toutes ces années avec la Trilogie originelle, la Prélogie, les dessins animés et la suite cinématographique jusqu'à ce jour.

Posséder une partie de l'Histoire de cette saga (avec un grand H) chez soi est devenu pour moi un fil rouge au cours de ces 40 ans, avec la collection d'objets et de proders aussi divers que ceux qui sont présentés dans ce livre, provenant aussi bien de France que de l'étranger. D'autre part, J'ai participé à de nombreux événements, Réunions ou congrès nationaux ou internationaux autour de Star Wars, qui sont aussi des lieux d'échange et d'obtention de produits uniques ou de dédicaces. Pour avoir un rôle plus actif et pour rencontrer la communauté de fans et de collectionneurs, j'ai rejoint le staff de Mintinbox.net., site internet francophone sur l'actualité *Star Wars*, avec ses reportages, ses databases et son forum.

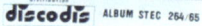

I 1977

BANDE ORIGINALE DU FILM
DISQUES ET CASSETTES AUDIO
DISC AZ 20TH CENTURY RECORDS / RCA

La fin des années 1970 était encore la grande époque du disque vinyle... seul accès à la musique du film pour prolonger le souvenir visuel.

Des U.S.A. à l'hexagone, les artistes s'emparaient déjà du phénomène pour nous léguer des créations aussi kitsch qu'inoubliables : Meco et sa version Disco, la chorégraphie surprenante des « Rendez-vous du dimanche » du 25 décembre 1977 et le thème principal revisité par Etienne Roda-Gil, chanté par René Joly.
--Stéphane

| 1977
POSTER À COLORIER | MECCANO |
DÉCALCOMANIES | LETRASET |

C'était un soir de 1979,
j'avais 9 ans, la première fois que mes
parents sortaient laissant leurs trois
enfants seuls sans baby-sitter.
Pour nous occuper, ils nous avaient
laissé des décalcomanies. J'eus droit aux
trois Letraset de la Guerre des Etoiles.
Complétés le soir même, précieusement
conservés depuis...
Si certaines vignettes sont absentes ici,
c'est parce qu'elles trouvèrent place sur
mes cahiers scolaires.
—Jean

I 1978
MASQUES CÉSAR

Le produit phare de l'emblématique société Française César est depuis plus d'un siècle le masque plastique de déguisement ou de carnaval. Ces masques sont inspirés de personnages populaires issus de dessins animés, films, BDs, jeux vidéo, ou ayant existé. La série Guerre des Etoiles fut composée des cinq références ci-dessus, suivie de Yoda en 1980, puis des Ewoks en 1985.

La fin des années 1970 vit la démocratisation du magnétoscope dans les salons français. Sa manipulation était l'apanage des parents et les enfants n'étaient pas en reste avec les projecteurs à films et les visionneuses, comme ce fameux Cinévue décliné en emballage Guerre des Etoiles.

I 1978
VISIONNEUSE CINÉVUE
MECCANO

I 1978

DIORAMA PROMOTIONNEL I MECCANO I

Autant dire qu'au vu du peu de jouabilité, l'opération n'a pas rencontré un franc succès, et que cet objet est devenu l'un des collector les plus rares de la gamme de jouets originelle.
—Stéphane

« Retrouve l'ambiance de la Guerre des Etoiles avec ce magnifique diorama... » Pour cela, il suffisait de découper les bons dans l'angle supérieur des cartes blister et d'en renvoyer quatre à l'adresse indiquée, dont obligatoirement Luc et Leïa, avant le 31 décembre 1978.

1979-1982
ÉTOILE NOIRE | MECCANO

Les « jeux de situation » en carton étaient très populaires à l'époque, ils offraient une bonne jouabilité pour un coût de fabrication raisonnable.

L'Etoile Noire permettait de jouer en s'inspirant du film et des fameuses publicités PIF Gadget... C'était l'élément essentiel de chacune de mes parties et j'avais précieusement gardé la boîte afin de ranger tous les éléments une fois le jeu terminé.
--Stéphane

« Retenus prisonniers dans le broyeur de déchets d'un énorme satellite, nos quatre héros luttent, s'échappent, s'emparent des plans secrets de l'Etoile Noire, neutralisent le rayon tracteur, embarquent sur le Millénium Condor, traversent l'hyperespace. Le premier à atteindre la base Rebelle est vainqueur ». Si cette description vous parle, alors oui, vous avez plus de 40 ans.
—Stéphane

| 1978
ÉVADEZ VOUS DE L'ÉTOILE NOIRE
| MECCANO |

I 1978
VISIONNEUSE DE FILMS SUPER8 MINICINEX
I MECCANO I

De tous les sens, l'olfactif est celui qui conserve le plus la mémoire. L'odeur du minicinex fonctionnant dans la chambre aux rideaux tirés… ah pas prêt de l'oublier… On avait l'habitude de cet appareil qui projetait des dessins animés ; mais du cinéma de science-fiction, et surtout la GDE,
   quel émerveillement !

—Jean

Ces quatre puzzles pour enfants aux intitulés typiquement français (D2-R2, Z6-PO, Chiktabba, ou Millénium Condor) garantissaient des bons moments de détente et de réflexion avec les parents tout aussi impliqués.
--Stéphane

| 1978
PUZZLES | CAPIEPA |

| 1978 | 1980

FILMS SUPER8
| 20TH CENTURY FOX |

A la fin des années 1970, le film argentique « Super 8 » était le standard pour les vidéos privatives. Il fallait de vraies compétences de projectionniste pour manipuler l'appareil, et ce n'était certainement pas confié aux enfants... cela peut paraître désuet maintenant, mais quelle joie à l'époque de retrouver quelques minutes du film chez soi.
--Stéphane

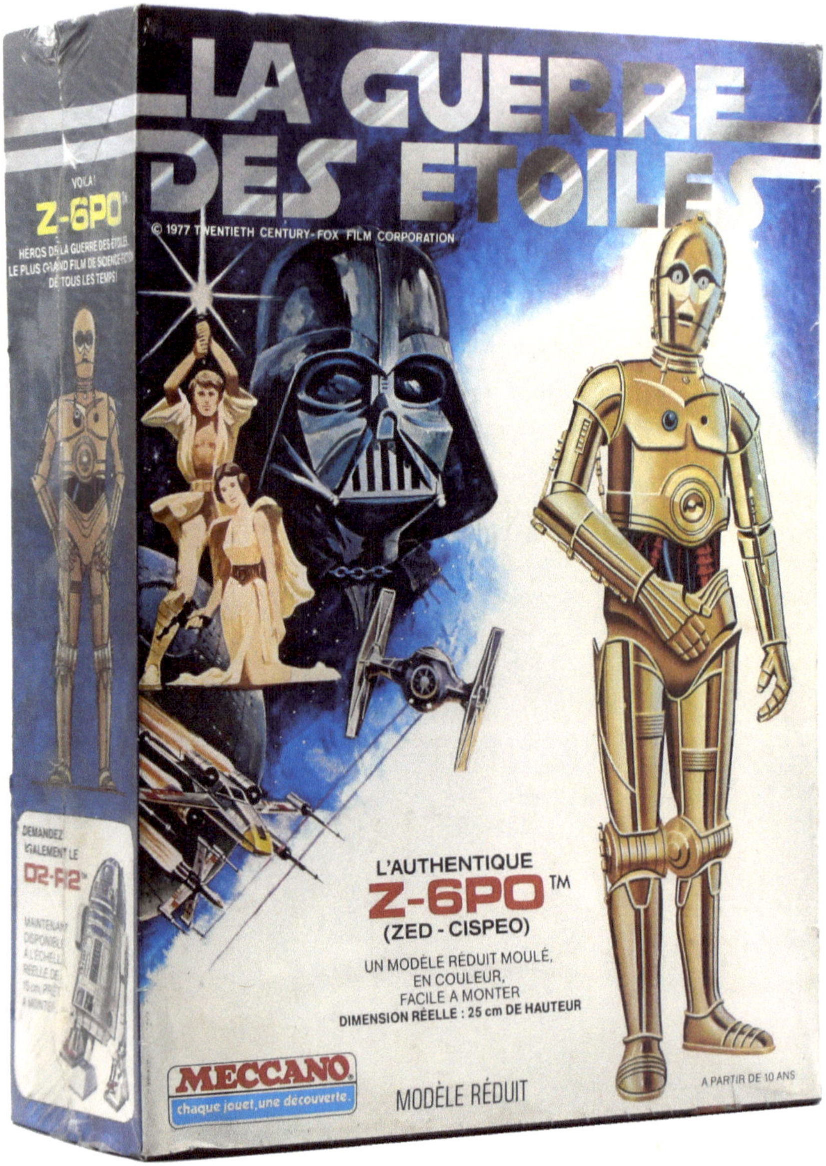

| 1978

MAQUETTES | MECCANO |

Avec cette première série de maquettes à monter et à peindre, Meccano touchait les aficionados des modèles réduits à l'époque dorée du modélisme en plastique. Il était bien plus aisé d'assembler à l'aide de son tube de colle les parties des droïdes, en comparaison aux traditionnels modèles de guerre omniprésents sur les étals des magasins de jouets.

| 1978-1982
FIGURINES | MECCANO |

Figurines Guerre des Etoiles sur blister rectangulaire « 12-back » Meccano 1978

blister carré « 20-back » Meccano 1979-82

En 1959, la Barbie révolutionna le monde de la poupée qui passa de la petite fille pouponnée à la femme indépendante, amoureuse de Ken. Vingt ans plus tard, des petits garçons dont je fus connurent leur premier éveil à la féminité avec la figurine de la princesse Leïa… Jusqu'alors nous ne manipulions que des Lego, des Playmobil, des soldats, des robots, mais pas le corps finement articulé de notre secrète amoureuse!.
--Jean

I 1978-1981
VAISSEAU TIE FIGHTER I MECCANO I

Le TIE Fighter fut l'un des premiers véhicules accompagnant les figurines, commercialisé en emballage Français Guerre des Etoiles (boîte de droite). Mais en 1981, le jouet fut réapprovisionné à partir d'une boîte américaine Kenner… en provenance d'Allemagne, sur laquelle des autocollants Français étaient apposés. Déjà largement distribué, cette seconde variante témoigne de pratiques astucieuses pour l'époque, en plus d'être extrêmement rare ; celui-ci étant le seul complet répertorié.

Bien qu'étant le format standard de figurine jusqu'en 1978, la gamme de poupées Guerre des Etoiles ne connut pas un franc succès et s'essouffla rapidement.

I 1978-1980
POUPÉES I MECCANO I

I 1978
R2-D2 R/C I MECCANO I

D2-R2. Il t'obéit au doigt et à l'œil. Ce jouet était révolutionnaire à l'époque du « filoguidé », en plus d'être contrôlable dans toutes les directions, Dédeu tournait son dôme, émettait des bips, et faisait clignoter son œil électronique. Tout cela, sous autorisation des PTT, dispositif sans fil oblige.

Onze poupées sur les douze produites furent tout de même commercialisées en France, certaines importées du Royaume-Uni ou du Canada.

1980
JEU CONCOURS I PIF I

« Il est le seul à posséder des cheveux blonds » Si vous avez la réponse, vous auriez pu participer à ce jeu organisé à l'été 1980. Le bulletin réponse disponible en magasin de jouets proposait trois questions des plus basiques. Un autocollant illustrant chaque réponse était offert pour toute participation, avec à la clé un voyage à Hollywood, et divers produits Guerre des Etoiles.

I 1980
CARTES I PALMITO I

15 cartes plastiques thermoformées avec un effet relief exceptionnelles en tout point de vue. Il s'agit d'une offre exclusive à la France, d'une originalité et d'une rareté inégalées. Elles se collectionnaient dans les paquets des fameux biscuits Papou et Palmito, et mettaient en valeur des personnages des deux premiers films.

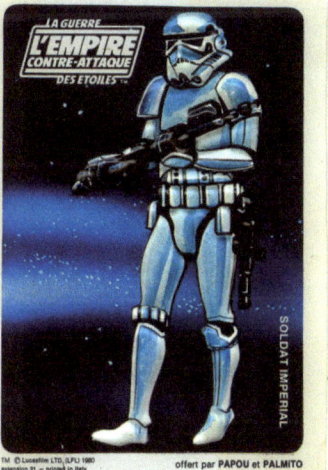

I 1980
AUTOCOLLANTS I MOTTA I

Tout acheteur d'une glace Motta se voyait remettre l'une des 30 vignettes à coller sur ce magnifique poster mêlant le visuel de l'Empire contre-attaque avec le logo Guerre des Etoiles. La promotion fut étendue à 1981 et appuyée avec trois grands autocollants.

I 1980-82
FIGURINES | MECCANO I

Avec cette série de 19 nouvelles figurines en 1980, fini les emballages jetés par nos parents ; conserver le carton illustré du blister était devenu tout aussi important. Et ce Boba Fett, personnage intriguant et charismatique avec son casque et son étrange missile non amovible… LA figurine de Noël 1980.
—Jean

I 1980

VIGNETTES I PANINI I

L'album Retour du Jedi est probablement celui que j'ai complété le plus assidument. Il m'avait été offert avec PIF Gadget en octobre 1983 avec une planche de 6 autocollants. Je me rappelle avoir utilisé le bon de commande pour compléter mon album et utilisé toutes les cases disponibles afin de commander certains autocollants en double.
—Stéphane

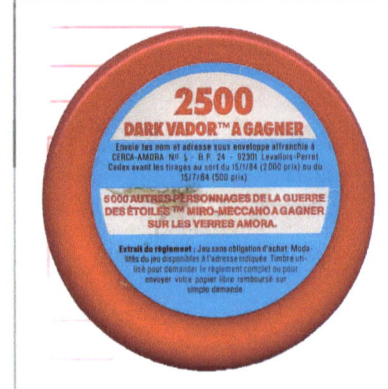

I 1983
MOUTARDE I AMORA I

Qui ne connaît pas les fameux verres à collectionner Amora décorés à l'effigie de personnages de films et de dessins animés ? quatre modèles ont été produits, associés à un jeu concours. Il m'a fallu près de 20 ans pour trouver la seule chose que l'on ne conserve pas : les capuchons d'origine avec leur autocollant concours.
—Stéphane

| 1977-1983
LIVRE DISQUES | ADÈS |

J'avais acheté en décembre 1983 le 45T Retour du Jedi que je passais en boucle sur ma platine. J'y retrouvais en (excellent!) narrateur du film celui qui doublait aussi J.R. EWING. J'en avais acheté un deuxième pour découper les photos et les coller dans mes cahiers scolaires, puis un troisième comme elles étaient recto-verso. Je crois avoir été le seul gamin à faire ça non ?
--Jean

I 1983

JEUX VIDÉO

Les jeux vidéo ont marqué la seconde moitié des années 80. Même si de nos jours les graphismes grossiers et la jouabilité parfois discutable sentent bon la nostalgie, on était impatient de rallumer la console ou l'ordinateur en rentrant de l'école pour se replonger dans bataille pixélisée inspirée des films.
――Stéphane

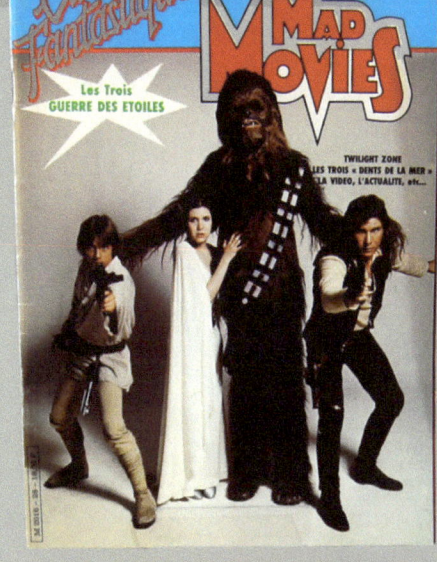

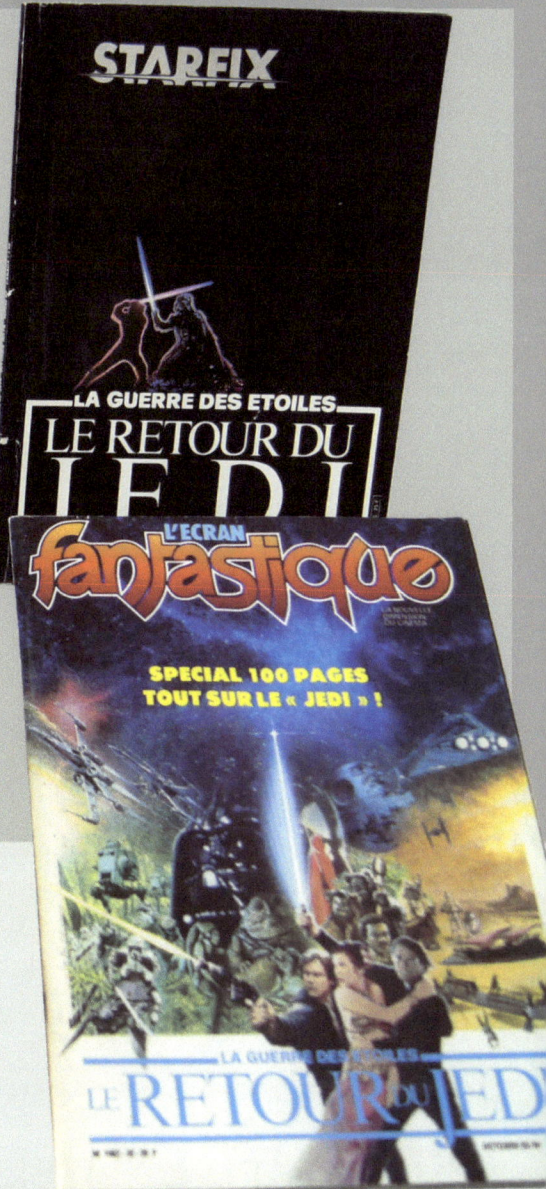

I 1977-83
PRESSE NATIONALE

Ces magazines étaient un super complément au film, un support papier vers lequel on pouvait revenir inlassablement pour faire travailler l'imaginaire et rester dans l'ambiance. On y découvrait les coulisses des tournages, des photos inédites, et on entrait dans ce qui allait devenir « l'univers étendu ».

--Jean

| 1979 | 1983

PIF GADGET | SPÉCIAL EMPIRE ET JEDI |

J'ai été un lecteur assidu de PIF Gadget émerveillé par ses gadgets mémorables. Chaque semaine, mes parents me donnaient de l'argent pour acheter mon magazine en revenant de l'école. Le poster du numéro spécial Retour du Jedi a vite été accroché. J'avais aussi renvoyé le coupon concours, mais je n'ai pas gagné.
--Stéphane

| 1983
MATÉRIEL PROMOTIONNEL
POUR CINÉMAS | 20TH CENTURY FOX |

Cet ensemble illustre le matériel promotionnel associé au Retour du Jedi, avec le synopsis, un insert pour la presse spécialisée vantant la sortie de la « Revanche du Jedi », le dossier de presse arborant le visuel de l'affiche américaine, les photos d'exploitation, ainsi que l'affiche française, réalisée par Michel Jouin ; l'une des plus belles de la toute la saga.

I 1978-1983

FICHES MR CINÉMA A COLLECTIONNER

Grâce à Monsieur Pierre Tchernia et son émission « Monsieur Cinéma », le système de fiches par abonnement popularisé par les recettes de cuisine et les voitures de rêve accédait au 7° art. Quel plaisir de retrouver chaque mois un nouveau lot de fiches à classer, illustrées de belles photos et de moultes informations.

| 1983-1985
FIGURINES RETOUR DU JEDI
| MECCANO |

Dix-sept nouvelles figurines « Retour du Jedi » arrivèrent courant 1983 autour du secret farouchement gardé des fameux Ewoks. Le film marquait le début de la mondialisation – exit les emballages spécifiques à chaque pays en commençant par la standardisation du packaging, puis dès 1984 un emballage unique à toute l'Europe (dénommé à présent gamme « Trilogo ») totalisant 84 figurines. La palme de la rareté revient au Général Madine, figurine parmi les plus courantes, mais uniquement distribuée en France en emballage Européen, en faisant l'un des collector les plus rares.

I 1984
PLV RETOUR DU JEDI I MIRO-MECCANO I

Les supports publicitaires français pour la gamme de jouet furent introduits très tardivement, mais ils sont tout à fait remarquables. Ce PLV cartonné imprimé en double face (Action Force au dos) d'un mètre carré est impressionnant. L'illustration est signée John Berkey, un célèbre artiste américain.

I 1984
FIGURINES TRILOGO B-WING PILOT
I MIRO-MECCANO I

Voici le chasseur B-Wing et son pilote en emballages européens « Trilogo ».
Avez-vous l'œil du collectionneur: combien y-a-t-il de figurines - une seule, ou quatre ? Cette photo met en valeur les variations d'emballages dont sont friands les collectionneurs : différentes perforations, formes de blister, autocollants… et même un pilote emballé à l'envers, passé au travers du contrôle qualité de l'usine.

I 1984
OFFRE PROMOTIONNELLE POSTER CADEAU I MIRO-MECCANO I

La France des années 1980 comptait encore des milliers de magasins de jouets et les fabricants redoublaient d'ingéniosité pour accompagner la promotion des produits. Ce magnifique ensemble démontre le savoir-faire marketing de Meccano : un dépliant format A2 annonçant l'opération au détaillant, une bannière, des catalogues et posters à offrir aux clients. Un booster de chiffre d'affaires !

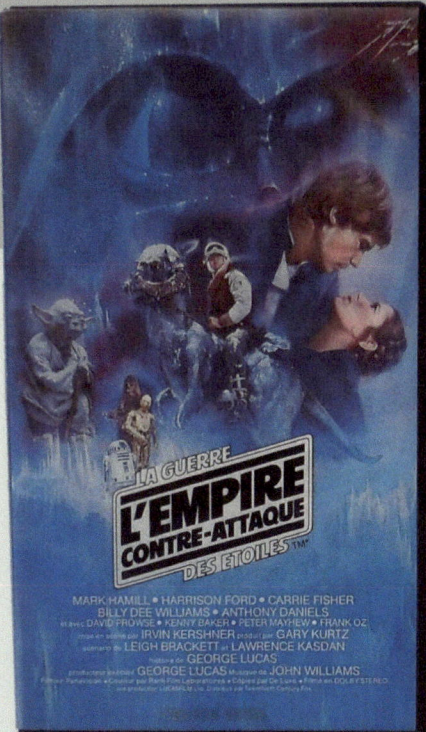

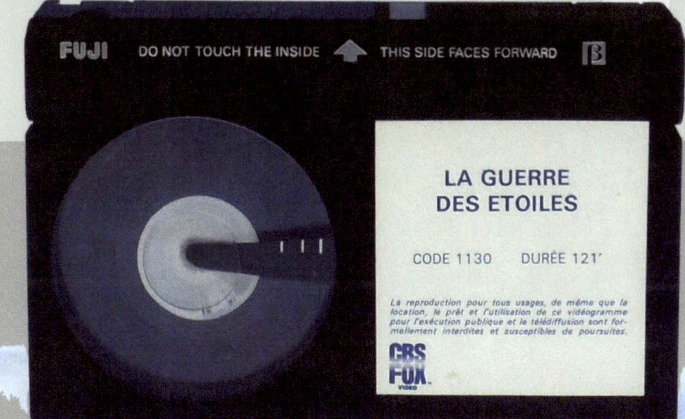

I 1984
CASSETTES VIDEO
VHS BETAMAX I CBS-FOX I

Il fallut attendre 1984, soit près de 7 ans, pour trouver « La Guerre des Etoiles » en location dans les vidéoclubs, et une année de plus pour chaque autre opus. La location était l'unique moyen de revivre la saga chez soi à volonté et ces cassettes étaient un produit de luxe à 530 Francs l'unité, une somme colossale à l'époque. Ce sont les premiers témoins de la démocratisation cinématographique.

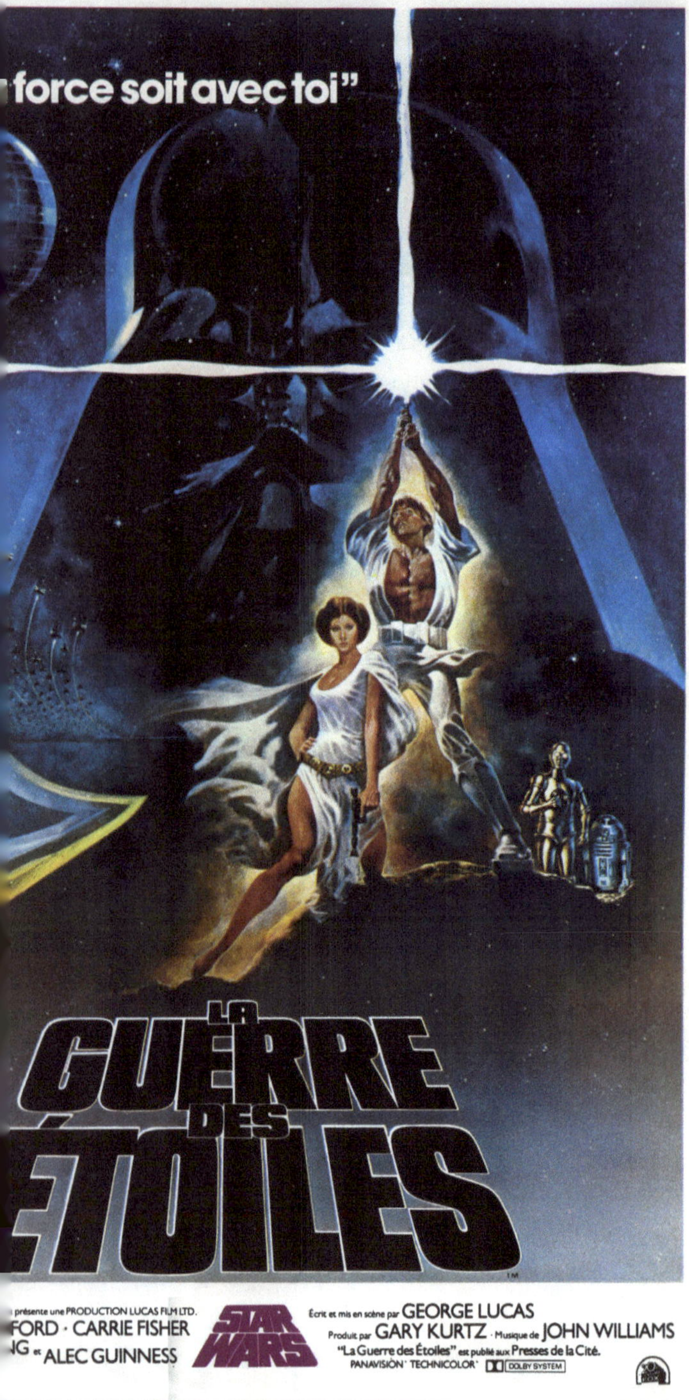

1977-1985
AFFICHES FRANÇAISES

L'affiche est un élément clé de la promotion d'un film, un emblème qui lui survivra au-delà de la projection en salles. Présentées ici, quelques-unes des affiches Françaises de la période originale 1977-1986.

L'une des plus belles affiches de toute la saga Star Wars, tous pays confondus, est celle du « Retour du Jedi » réalisée par Michel Jouin. Elle m'avait été offerte par PIF Gadget et fut d'emblée punaisée à la porte de ma chambre.
--Stéphane

| 1986

JOUET 1ER ÂGE
TÉLÉPHONE EWOK

| KENNER FRANCE |

L'année 1985 fut la grande année des Ewoks avec le film « L'aventure des Ewoks » et son thème chanté par Dorothée. C'est un public plus jeune qui est ciblé comme un renouvellement du fan-club consommateur. Les premiers fans de 1978 entraient dans l'adolescence avec d'autres préoccupations que le jouet traditionnel.

I 1987

COFFRET CASSETTES VIDÉO EWOKS / DROIDS

I CBS-FOX I

Dans la continuité des téléfilms Ewoks qui amorçaient « l'Univers Etendu », Lucasfilm produisit les séries de dessins animés Ewoks et Droïdes en 1985 ; seule la première fut diffusée sur Antenne 2. Plusieurs épisodes furent distribués en vidéocassette, dont ce coffret exclusif à la France et sa montre collector.

1987

JEUX DE RÔLE
I JEUX DESCARTES I

Après les succès en France de « Donjons & Dragons » et « L'appel de Cthuhlu », le jeu de rôle inspiré de Star Wars était une autre façon d'entretenir la flamme et de toucher un autre public.

I 1990-1991
LASERDISC
I CBS-FOX I

L'arrivée du LaserDisc en France permit enfin de visionner les films dans une qualité vidéo et sonore optimales, moyennant le retournement de face, voire de disque, à chaque heure.
J'avais consacré trois mois de salaire de job d'été à l'usine pour m'offrir la nouvelle télévision 16:9, le lecteur LD et les deux premiers films. Le magasin m'avait déroulé le tapis rouge, et mes grands-parents m'avaient offert le Retour, le double-laserdisc présenté ici.
--Stéphane

| 1991 | 1993
JEUX VIDÉO NINTENDO NES & SNES MAGAZINES

L'avènement des ordinateurs familiaux et des consoles de salon des années 1980-90 fit la part belle aux jeux de plateformes avec leurs graphismes colorés et leur jouabilité accrue. Ces jeux tout comme leurs magazines sont devenus collectors avant l'ère de la digitalisation.

199x
JOUETS CONTREFAITS

Même en France, la Guerre des Etoiles n'échappe pas à la contrefaçon... ici quelques vaisseaux aisément identifiables, avec en plus un clin d'oeil à la Force...

1993
COFFRETS COLLECTOR TRILOGIE
I CBS-FOX I

Le produit collector faisait son entrée sur le marché francophone avec ces deux somptueux coffrets Trilogie LaserDisc et vidéocassette numérotés comprenant les films et un documentaire.

I 1994

OPERATION RENAULT CONTRE-ATTAQUE
I RENAULT I

L'histoire entre Star Wars et le réseau automobile Renault a commencé en 1994 avec ces quelques primes, dont ce coffret vidéocassette de la Trilogie. Le jeu de plateau était distribué au personnel du groupe Renault faisant le parallèle entre les valeurs que véhiculent Star Wars et la « Force » de vente des commerciaux.

I 1995

COFFRET COLLECTOR SUPERCLASS EXECUTOR

I CBS-FOX I

Autre somptueux coffret numéroté destiné aux aficionados comprenant les films en V.O. THX en version d'origine « pour la dernière fois » (enfin… presque), de belles photos, et un livret avec les scripts des films.

Quel jeu mémorable – le tout premier jeu de tir à la première personne offrant une immersion dans l'univers Star Wars, inspiré de DOOM mais surpassant l'original. J'avais organisé un achat groupé dans ma fac afin de négocier le tarif le plus avantageux pour mon budget d'étudiant.
—Stéphane

I 1995

JEU VIDÉO PC CD-ROM DARK FORCES

I LUCASARTS I

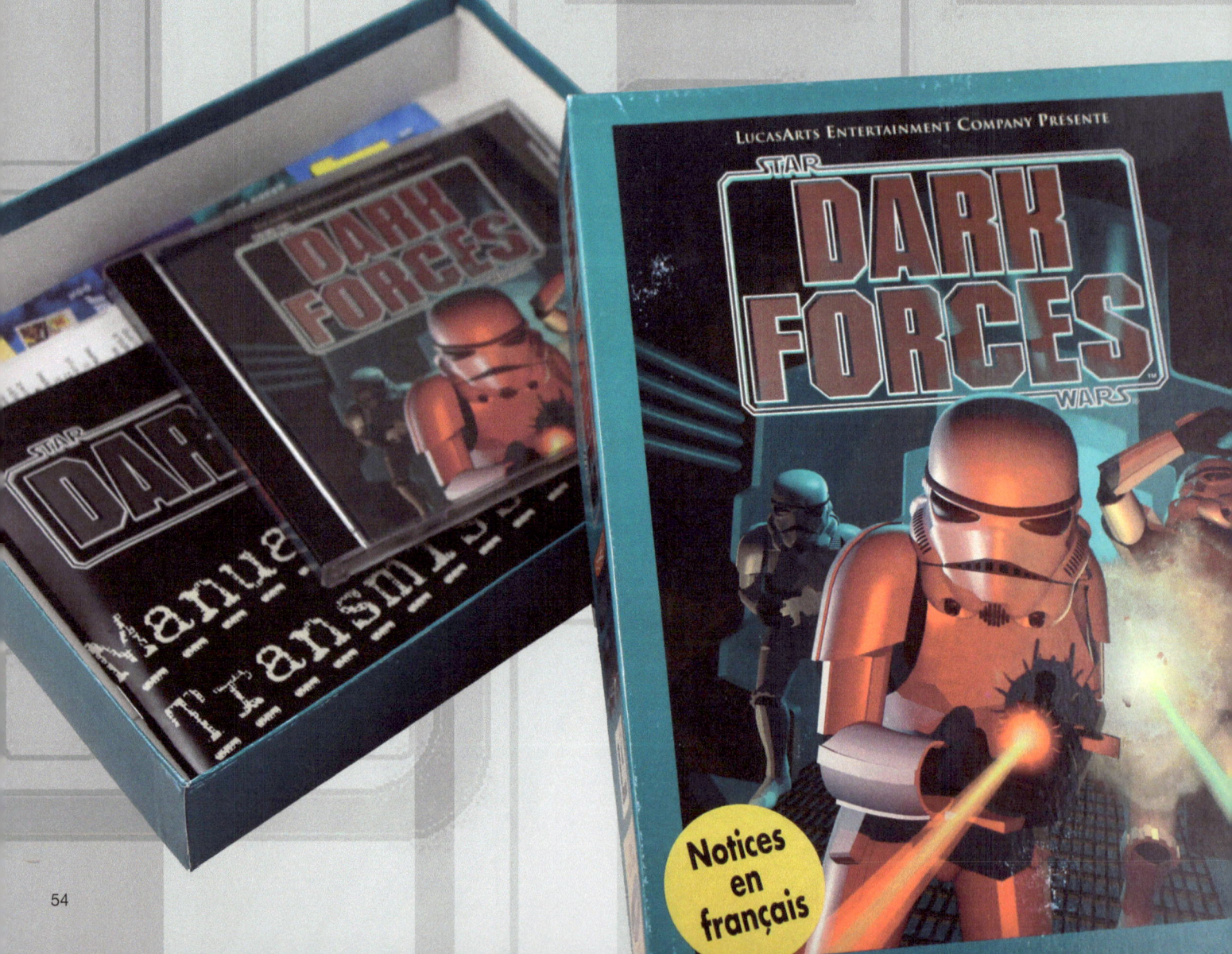

Le premier numéro annonçait les Editions Spéciales et les nouveaux jouets Kenner, que l'on put ensuite se procurer par correspondance via la « boutique de Watto ».
--*Pascal*

I 1995

LUCASFILM MAGAZINE
I EDITIONS COURLECIEL I

A l'été 1995 parut le premier magazine Français entièrement consacré à l'univers Star Wars. Jusqu'en 2009, il rapporta l'actualité déclinée du Star Wars Insider avec une touche française. Clin d'œil aux fans de la première époque, il était publié aux éditions Courleciel.

Le plaisir de retrouver les figurines de la Guerre des Etoiles et le logo pyramidal Français sur les emballages éclipsa l'aspect body-buildé et peu réaliste des figurines. Elles marquèrent le renouveau des jouets Star Wars avec l'annonce de l'Edition Spéciale au cinéma. Ce fut un déclic pour de nombreux fans désireux de poursuivre leur collection d'enfance ; les figurines s'arrachaient par cartons entiers dans les magasins spécialisés.
--Stéphane

I 1995
FIGURINES POWER OF THE FORCE 2
I KENNER / HASBRO I

I 1996
PEZ STAR WARS | PEZ |

Les PEZ sont vieux comme l'histoire des bonbons et constituent un objet de collection depuis toujours. Il fallut attendre près de 20 ans pour cette première série de cinq personnages ; suivie d'une autre en 2011. Parmi la pléthore de personnages dans la Trilogie, pourquoi ceux-ci ; cela reste un mystère…

Je m'aperçus rapidement que certaines illustrations de piètre qualité avaient été remplacées par des versions améliorées ; et pour cause, BN avait commencé à imprimer les cartes sans l'accord définitif de Lucasfilm... Les plus malins terminèrent leur collection en écrivant au service consommateur qui répondait généreusement aux demandes des fans.

--*Stéphane*

I 1996
CARTES À JOUER LE DÉFI DU JEDI
I BN I

 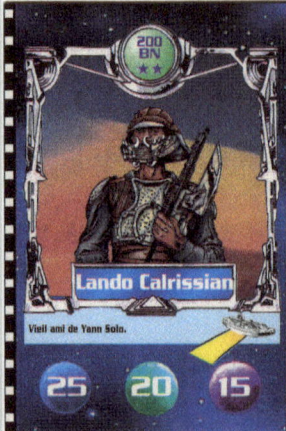  

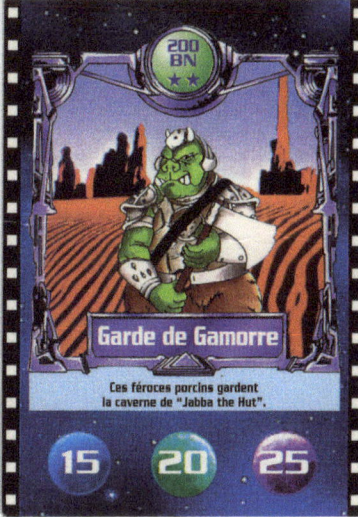

Ces 30 cartes à jouer étaient dispersées dans les paquets de biscuits BN et Choc'Land à l'occasion de l'Edition Spéciale.

| 1997 | 1998

PRIMES | KENNER / HASBRO |

En 1997, Kenner nous offrait deux figurines dont nous avions rêvé enfant — Dark Vador avec son casque amovible, et Yan Solo en tenue de Soldat Impérial. Cerise sur le gâteau, ces figurines pouvaient être obtenues gratuitement auprès des magasins Carrefour et Toys' R Us France.
—Stéphane

1996
JEU INTÉRACTIF
| PARKER |

Ce jeu de plateau tiré du cinéma, te permet de prendre part à cette toute nouvelle aventure de La Guerre des Etoiles, Monte l'Etoile de la Mort en 3 dimensions, elle deviendra ton plateau de jeu ; puis insère la cassette fournie dans ton magnétoscope... Etes-vous sérieux ???

I 1997
PRIMES I KENNER / HASBRO I

Les primes alimentaires se développèrent en France avec l'Edition Spéciale. A l'heure de l'apéritif, consommer sans modération des chips Doritos permettait de réunir 16 diapositives, sans oublier la visionneuse cartonnée – le test de vue avant la route ?

| 1998

TRIVIAL PURSUIT
| HASBRO |

J'ai été tenté d'acheter ce jeu à l'époque ; le rêve... 2100 questions rien que sur la Trilogie Star Wars... Le seul problème, c'est que je n'aurais jamais pu convaincre mes amis d'y jouer car ils savent très bien que j'aurais toujours gagné !
—Stéphane

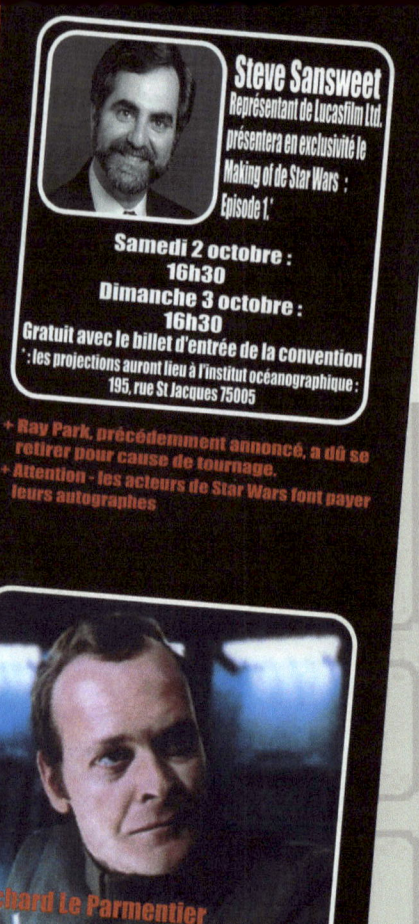

1998
COLLECTOR'S RENDEZ-VOUS ARKHAM

Le 25 avril 1998, la boutique parisienne Arkham organisait la première dédicace en France de Dave Prowse, Dark Vador himself. Personne n'avait anticipé un tel succès... la queue s'étendait sur plusieurs rues et j'eu la chance d'avoir deux autographes. Il s'en suivra d'autres événements ainsi que des conventions à l'espace Wagram. La boutique Arkham fondée par Numa Roda-Gil a été le précurseur des conventions Françaises pour fans et collectionneurs.

—Stéphane

Quoi de mieux pour commencer l'année 1999, celle d'une nouvelle Trilogie, qu'un almanach de La Poste française combinant astucieusement les affiches originales avec celles de l'Edition Spéciale.

I 1999

ALMANACH DU FACTEUR

I LA POSTE I

Enfin sur Terre… avec ce coffret Bouygues, son téléphone portable Nokia avec coque Star Wars et son forfait spécial. En appelant un numéro surtaxé, il était même possible de gagner un coffret Edition Spéciale en VHS.

I 1999

COFFRET NOKIA
I BOUYGUES TELECOM I

I 1999

JEUX À GRATTER
I LA FRANÇAISE DES JEUX I

Il est bien connu qu'un collectionneur ne s'enrichit pas, encore moins avec les jeux d'argent. J'ai acheté deux séries complètes de tickets, dont une sans les gratter. Y avait-il le gros lot sur l'un d'entre eux ? Je ne saurais jamais.
—Pascal

1999
CÉRÉALES EPISODE I
I KELLOGG'S I

Dans quelques pays, les enfants pouvaient déjeuner des céréales Star Wars dès 1977… En France, il fallut l'Episode I pour que Kellogs distribue ces boîtes collector et leurs cuillères et bustes à l'effigie de nos héros favoris. Une collection sympathique et très variée, plus intéressante qu'au premier abord…

Le 22 septembre 1999, George Lucas était interviewé à la Fnac par Alain Chabat devant un parterre d'invités triés sur le volet. Un moment mémorable retranscrit dans une vidéocassette aujourd'hui très difficile à se procurer.

Aucune dédicace de G. Lucas n'était autorisée, mais j'ai quand même pu obtenir celle de Rick McCallum (producteur de l'Episode I), sur la page d'un article du « Ciné Live » acheté pour l'occasion.
—Pascal

I 1999

INVITATION AGENDA ET VHS INTERVIEW G. LUCAS

I FNAC I

I 1999
BOÎTES COLLECTOR PANETTONE

Pour la sortie de l'Episode I et des fêtes de fin d'année 1999, la célèbre marque de brioches produisit une série de boîte métal de différentes tailles, qui pouvaient après dégustation trouver un autre usage.

| 1999
LEGO STAR WARS

LEGO Star Wars fut la grande nouveauté jouet de la fin du millénaire, ce dont avait rêvé toute la génération d'enfants qui avait connu La Ville et le Monde Spatial LEGOLAND. Ce fut la toute première licence pour la fameuse marque et le début de son renouveau. Hormis des boîtes génériques, la France bénéficia de supports publicitaires et opérations promotionnelles spécifiques.

Une activité ludique tout droit sortie des années 1980 dans la lignée du Bâtisseur de Miro-Meccano, des kit de moulages en plâtre Guerre des Etoiles furent distribués par Mako, puis par Supercast pour l'Episode I.

| 1996 | 1999
MOULAGE EN PLÂTRE

1999
CANETTE & REVEIL R2-D2
| PEPSI |

Une première ! En collectionnant les canettes de Pepsi à l'effigie de Dark Maul, Anakin, Amidala, et autres héros de l'Episode I, ainsi que les autocollants inclus dans les packs de 6, on pouvait obtenir ce sympathique réveil digital R2-D2 avec projecteur dans le dôme.

1999
PRÉSENTOIR & COUVERTURES
I TÉLÉ 7 JOURS I

L'Episode I fut une première sur bien des produits dérivés. Ainsi Télé 7 Jours fut le premier magazine à proposer à ses lecteurs pas moins de quatre couvertures différentes, qui de plus s'assemblaient en un même visuel. Les familles nombreuses n'avaient plus à se quereller pour consulter le programme !

Les héros de l'Episode I ornaient également les boîtes Pizza Hut. En plus des goodies du menu Junior, il ne fallait pas oublier de récupérer les coupons et les sets de table… avant de commencer à déguster. Etions nous là pour les pizza, ou pour les primes Star Wars… ?
—Stéphane

1999
EMBALLAGES ET PRIMES
I PIZZA HUT I

1999
JEUX VIDÉO EPISODE I
I LUCASARTS I

La célèbre compagnie de jeux vidéo LucasArts, filiale de LucasFilm, produisit plusieurs jeux à l'occasion de l'Episode I. Bien que ces jeux soient identiques à tous les pays, des versions spécifiques furent commercialisées comme ce coffret Episode I, avec des fascicules et publicités adaptées.

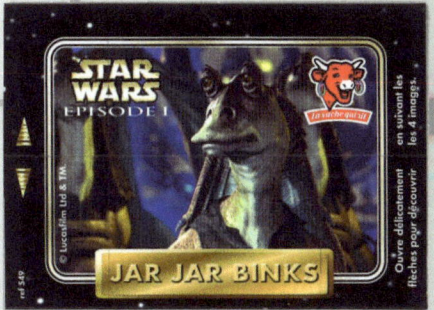  

I 1999

EMBALLAGES ET CARTES COLLECTOR

I LA VACHE QUI RIT I

Toujours faire le lien avec les produits du passé. Les vignettes Vache Qui Rit basées sur les personnages Disney ont fait la joie des petits enfants des années 1970. On retrouve logiquement la Menace Fantôme vingt ans après dans ce fromage pour bambins sages comme des images !

Certains loisirs semblent intemporels, tels ces albums collectors de vignettes ; de quoi apprendre la patience et développer les talents de négociation des jeunes padawan...

I 1999-2005

ALBUMS COLLECTOR DE VIGNETTES

I MERLIN I

2001
DECODEUR & MAGAZINES
| CANAL+ |

Comme elle avait été dans les années 1980, la chaîne par abonnement Canal+ fut la première chaîne de télévision française à diffuser La Menace Fantôme en septembre 2001. L'événement fut mis à l'honneur dans le magazine pour abonnés, un flyer pour revendeur, et même sur la boîte du décodeur en versions « Bon côté » et « côté Obscur » de la Force.

2001
STATUETTE DARK VADOR
I ATTAKUS I

Statuette en résine limitée à 1500 exemplaires monde.

Commercialisé pour la période de Noël 2001, il fut compliqué de se le procurer. C'est sans conteste la statue qui créa un véritable engouement pour le fabricant français Attakus

—Yann

Les dossiers officiels fut la première réalisation Star Wars aux Editions Atlas sur le principe de l'abonnement. Il s'agissait d'une série de fascicules composés de fiches détachables et organisés en six rubriques (personnages, véhicules, armes, droïdes, planètes, et batailles) totalisant 141 numéros jusqu'en 2004.

I 2002-2004
DOSSIERS ATLAS STAR WARS

I 1999-2008
JEUX MONOPOLY
I HASBRO I

Le succès planétaire du Monopoly s'est décliné au travers de centaines d'éditions. En France comme ailleurs, Des éditions Star Wars sont régulièrement produites. Elles sont agrémentées de figurines à l'effigie des héros du moment.

| 2002

PROMOTION HOLLYWOOD CHEWING-GUM

Ces chewing-gums sont tellement populaires qu'il n'y eut même pas besoin de collectionner l'offre : famille, collègues ou amis, tout le monde conservait ses paquets pour me les offrir... heureusement vides, ce qui m'a évité d'attraper une mâchoire à la Kirk Douglas.
—Stéphane

I 2002
FILM INSTANTANÉ ET AUTOCOLLANTS
I POLAROID I

Les films de la prélogie ont ouvert la voie à des produits assez inattendus, comme le dirait si bien Yoda. Ici une pellicule pour instantanés Polaroid, flyer et planche d'autocollants promotionnels.

| 2004

FIGURINE DARK VADOR TELEVISION SUMMIT CANNES

Cette figurine Hasbro personnalisée et montée sur socle fut offerte aux invités triés sur le volet du Television Summit de Cannes en 2004 ; l'art de transformer un objet banal en un collector ultra-rare.

Ce concept typiquement américain débarqua pour la première fois en France en 2005. Uniquement sur inscription, c'est à minuit que Toys'R Us ouvrit exceptionnellement ses portes. Au programme, animations, exposition, et surtout la nouvelle gamme de jouets Revenge of the Sith.

I 2005

MIDNIGHT MADNESS
I TOYS'R US I

I 2005
CÉRÉALES EPISODE III
I KELLOGG'S I

Pour la « Revanche de Sith » Kellogs eut la bonne idée de promouvoir le film et d'offrir six mini-sabres jeux labyrinthes phosphorescents à collectionner aux couleurs des six Jedi de la saga.

I 2005
JEUX DE HASARD
I LA FRANÇAISE DES JEUX I

Fière d'une première mondiale réussie en 1999 associant Star Wars et jeu de hasard, la Française des Jeux relança son jeu à gratter SAGA à l'occasion de la « Revanche des Sith » en 2005 avec 12 tickets à gratter et à collectionner, et 10000€ à la clé.

Les boutiques Orange proposaient ce coffret pour l'achat d'un téléphone Nokia. Un très beau collector avec le support Dark Vador et la housse de téléphone en poils de Wookie !! Les coffrets restants furent écoulés en soldes en 2007.
—*Stéphane*

I 2005 I 2007
KIT TÉLÉPHONE ORANGE

I 2005
PROMOTION HOLLYWOOD CHEWING-GUM

Cette offre fut un peu moins populaire que la précédente. Une carte illustrant deux personnages opposés pouvait être découpée sur chaque paquet, pour être collée sur un poster.

A l'occasion de la sortie de « La Revanche des Sith », les supermarchés Casino offraient quelques modestes gadgets à leurs clients en fonction de leurs achats. L'enseigne développa aussi un kit promotionnel avec flyers, mobiles, et même un CD d'ambiance.

I 2005

PROMOTION LA GALAXIE DES MARQUES
I CASINO I

Evolution du marketing oblige, les dossiers de presse en noir & blanc et typographie machine ont laissé la place à de somptueux livrets couleurs avec brochures et encarts pour l'Edition Spéciale et les films de la Prélogie. De beaux objets du Cinéma à collectionner en plus des affiches
--Stéphane

I 1997-2005
DOSSIERS DE PRESSE
I 20TH CENTURY FOX FRANCE I

Première convention française officielle organisée en mai 2005 par le Lucasfilm Magazine dans le majestueux Grand Rex à Paris… Défilé de l'association 501ème Légion, concert symphonique, Rick McCallum, Rogel Carel (Z-6PO), le collectionneur Steve Sansweet… et une figurine exclusive… Quel programme !

I 2005

STAR WARS RÉUNION

I 2005

PRIMES ALIMENTAIRES
I LE GAULOIS I

La première grande promotion alimentaire française fut signée Le Gaulois. En 2005, vous pouviez manger pas moins de 90 plats surgelés ou à réchauffer différents pour réunir deux séries de 28 vignettes aimantées et autocollantes, avec un magnifique poster aimanté. Afin d'éviter l'indigestion, il était possible de trouver un lot complet sur le célèbre site d'enchères en ligne…

 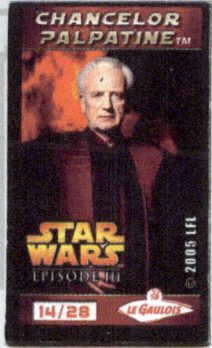 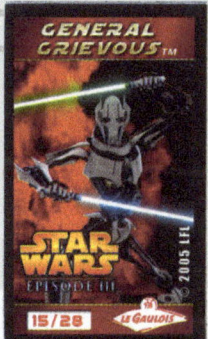   

Tous les ingrédients étaient réunis pour sortir un Risk Star Wars : guerre, stratégie, conquêtes et suspense… Une magnifique adaptation galactique bienvenue de ce jeu succès mondial. Un pitch pour mettre les joueurs en situation, l'ajout de vaisseaux et du fameux « Ordre 66 ».

I 2005
RISK
I PARKER I

De beaux collectors furent produits pour cet événement comme cette affiche pour les transports parisiens, ainsi que ces magnifiques pièces de collection officielles Monnaie de Paris à l'effigie de Yoda et Dark Vador.
—Jean

I 2005

STAR WARS L'EXPO
I CITE DES SCIENCES & DE L'INDUSTRIE I

Star Wars eut droit à son expo à la Cité des Sciences ; preuve, s'il en fallait une, avec ses 725000 visiteurs, que la saga occupe une place de choix dans le domaine de la SF et que Georges Lucas en 1977 enclencha un mouvement sociétal planétaire unique.

I 1999-2005
VHS & DVD PRÉLOGIE
I 20TH CENTURY FOX I

> Une page technologique se tournait. Avec la fin des cassettes vidéo, la singularité de la présentation graphique des cassettes vidéo nationales laissait place à une jaquette unique pour les DVD
> —*Pascal*

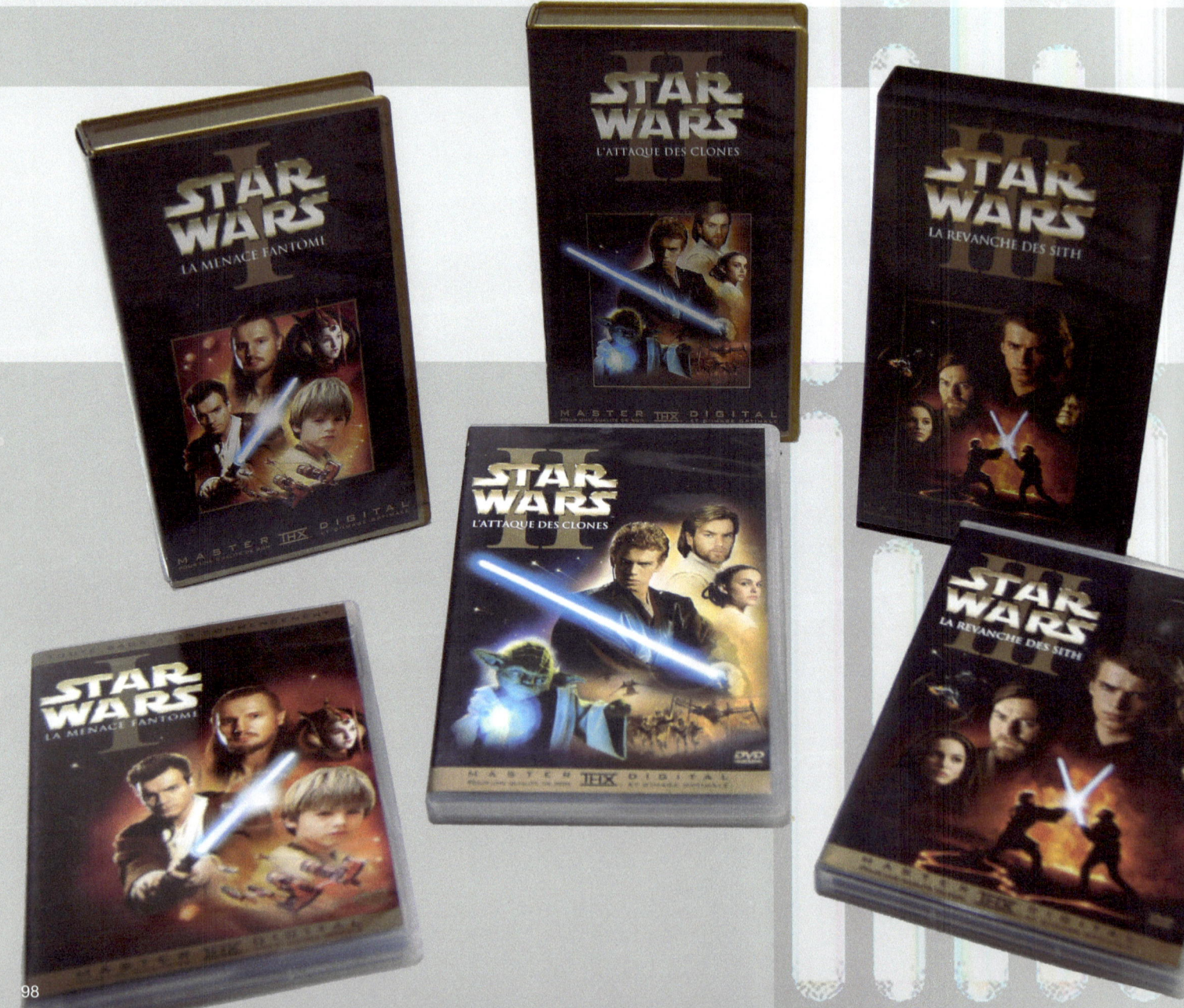

Mélanger personnages et vaisseaux dans ces coffrets de fèves fut une grande trouvaille. Si la saga fait plutôt la part belle aux princesses et à l'Empire, ces miniatures de la galette des Rois permirent de sacrer des millions de rois et de reines galactiques et indétrônables…

I 2007

COFFRET DE FÈVES

I ARDIGAL I

I 2007-2010
VAISSEAUX STAR WARS
I EDITIONS ATLAS I

L'une des plus belles collections Star Wars produite par les Editions Atlas avec cette série de 62 vaisseaux en métal, magnifiquement décorés, présentés en boîtier plastique avec décor. Chaque vaisseau était accompagné d'un livret descriptif, en plus d'autres goodies comme un tapis de souris, un calendrier perpétuel, posters, et coffrets de rangement des fascicules.

Les abonnés qui avaient souscrit à l'abonnement Deluxe directement auprès d'Atlas, comme lors du salon du livre, recevaient ce coffret de 5 médailles signées Arthus-Bertrand, limité à 9999 exemplaires.
—Stéphane

I 2007

PIÈCES DE COLLECTION ARTHUS BERTRAND

I EDITIONS ATLAS I

I 2007
STATUETTE SANDTROOPER
I ATTAKUS I

Quelle fierté pour tous les membres de Mint in Box de se voir octroyer une édition spéciale du « Sandtrooper Sergent » Attakus tirée à 100 exemplaires sur les 750 produits pour le monde entier.

I 2007
CONVENTION CELEBRATION EUROPE LONDRES

Celebration Europe Londres 2007 fut la première convention officielle en Europe, digne des plus grandes conventions américaines. Pour remercier les acheteurs de mon livre « Meccano to Trilogo », j'offrais une reproduction du fameux diorama et de cartes blisters Meccano. J'avais sponsorisé la pièce de collection Chewbacca, parmi les 12 offertes lors des conférences organisées par mon ami Gus Lopez.
—Stéphane

I 2007
STAR WARS
LE LIVRE CULTE
I NATHAN I

En 2007, Stephen J. Sansweet et Pete Vilmur, les deux auteurs, retraçaient dans cet ouvrage 30 années de Guerres Galactiques. Somptueux hommage agrémenté de nombreux fac-similés et de deux CD-Audio.

Le Virgin Mégastore des Champs Elysées à Paris avait organisé une séance de dédicaces pour la sortie du livre, en présence de Steve Sansweet. De nombreux fans avaient répondu à l'appel avec leur précieux sous le bras... et non, le livre n'était pas mort !!!

—Yann

Pour fêter le 30ème anniversaire de la Guerre des Etoiles, les six films de la saga sont projetés au Grand Rex en octobre 2007 en présence de Rogel Carel (Z-6PO) et Anthony Daniels (C-3PO). Le fanclub MintinBox offre 500 exemplaires d'une pièce de collection Boba Fett, qui complète l'ensemble offert à Londres.

I 2007
STAR WARS RÉUNION 2

Cette convention correspond à mon entrée officielle au sein de l'équipe de Mintinbox.net, grâce à l'intermédiaire et aux bons soins de Sylvain. Qu'il en soit ici remercié à jamais!
—*Pascal*

| 2007

PRIMES
| RESTAURANTS FLUNCH |

En partenariat avec LucasArts et Lego, les restaurants Flunch équipent leurs menus enfants de sets de table et distribuent ces trois aimants lors du passage en caisse, avec la possibilité de gagner le jeu vidéo. Une opération simple, mais efficace.

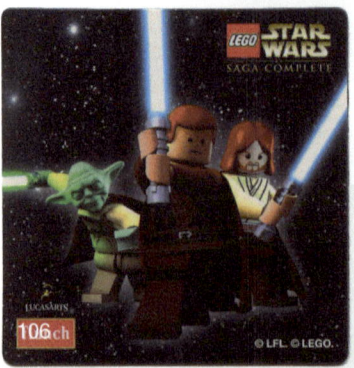

| 2007

CALENDRIERS DE L'AVENT

| BONBONS BUDDIES |

Quoi de mieux que d'attendre Noël en dégustant chaque jour un chocolat Star Wars, mais un chocolat au lait afin de ne pas basculer du côté trop obscur.

I 2008
YAOURT À BOIRE
I YOPLAIT I

Un moment Star Wars à l'heure du goûter. Avec ce clin d'œil à la série d'animation Clone Wars, Yoplait offrait cinq cartes à découper et à collectionner sur les packs de P'tit Yop, et des parfums associés aux couleurs des héros pour les grandes bouteilles ; comme pomme pour Yoda.

La diffusion de la série animée Clone Wars fut l'événement des vacances de Noël 2008. Pour la promotion, la chaîne télévisée W9 distribua ce magnifique coffret presse comprenant un livret couleur, un T-Shirt officiel, ainsi qu'un DVD collector des deux premiers épisodes. J'eu la chance de pouvoir me le procurer sur un simple appel à l'attaché de presse.
--Stéphane

| 2008

COFFRET PRESSE CLONE WARS

| W9 |

I 2008

PROMOTION HAPPY MEAL
I MCDONALD'S I

McDonald's réalisa cette belle promotion pour les menus enfants en octobre 2008. En plus de ces beaux gadgets, emballages et présentoirs, on retiendra surtout cette magnifique affiche exclusive à la France et sa campagne d'affichage digne d'un film dans les métros et espaces publics.

I 2009
CEREALES CLONE WARS
I KELLOGG'S I

Encore des sabres pour cette promotion ? oui mais quatre sabres sifflets parmi Yoda, Anakin, Obi-Wan, et Ahsoka ; que l'on pouvait aussi assembler deux à deux par leur base

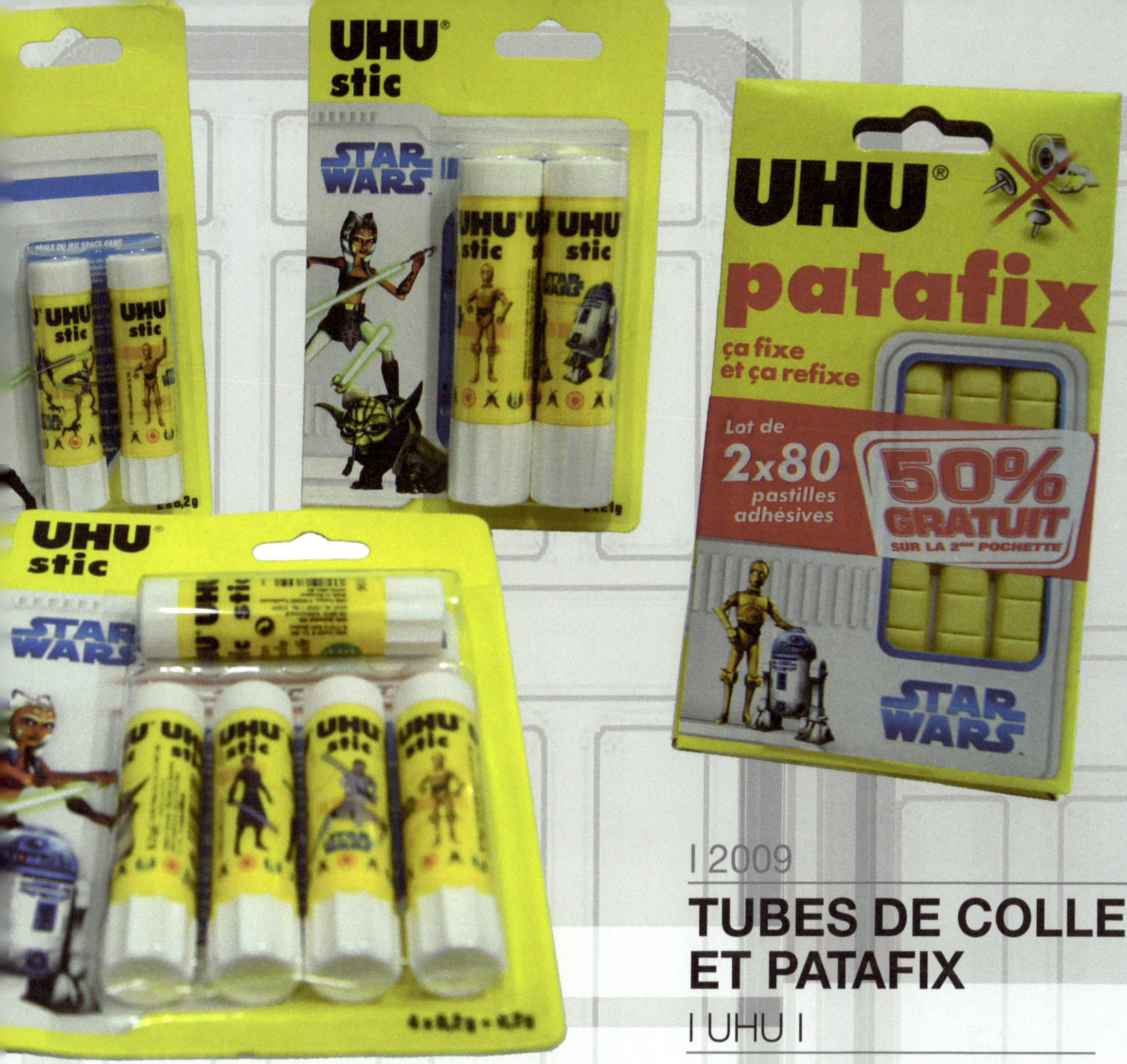

I 2009

TUBES DE COLLE ET PATAFIX

I UHU I

Des stic de colle et du patafix... des fournitures que les quarantenaires auraient bien aimé trouver à leur époque pour emporter un peu de Star Wars à l'école et... fixer la paix dans la galaxie.

2010-2013
COMICS STAR WARS
EDITIONS ATLAS

Cette collection de Comics de 80 numéros par abonnement faisait la part belle aux éditions originales des années 70-80 dont certaines jamais publiées en France. Comme à l'habitude Atlas gâtait ses abonnés avec des cadeaux exclusifs : un coffret, une montre, des badges, et une plaque métal émaillée illustrant le numéro 1.

| 2010
FESTIVAL JULES VERNE

En avril 2010, pour les trente ans de l'Empire contre-attaque, Mark Hamill fut l'invité d'honneur du Festival Jules Verne au Grand Rex. Mais le vrai événement eu lieu à la boutique officielle de La Poste avec une planche de timbres exclusifs et Mark Hamill en dédicace gratuite. Le bouche à oreille avait opéré, des centaines de fans séchèrent les cours ou le travail pour repartir avec ce trophée.
—Stéphane

I 2011
COFFRET BLU-RAY SAGA STAR WARS
I 20TH CENTURY FOX I

Cette intégrale de la saga (6 épisodes) en Blu-ray était autant attendue que lorsque les Laserdiscs ont remplacé les VHS au début des années 1990; c'est dire. C'était l'unique manière de se procurer officiellement les films en haute définition avec des bonus devenus introuvables. La FNAC émit des cartes collector valables uniquement pour pré-réserver le coffret.

| 2011-2017
CARTE DE VOEUX MINTINBOX.NET

La tradition des vœux de nouvelle année est d'autant plus appréciée avec cette série de cartes initiée en 2011 par Mintinbox, le principal site internet pour la communauté de fans francophones, magnifiquement illustrées par le talentueux artiste Français Benjamin Carré, connus pour ces fan arts et artworks officiels pour LucasFilm/Disney.

Un petit secret de fabrication : le choix du personnage et sa mise en situation se fait par vote au sein du staff de Mintinbox.net. L'idée est alors communiquée à Benjamin Carré qui donne libre cours à son imagination. Pour 2018, l'unanimité a été obtenue immédiatement pour rendre hommage à Carrie Fisher.

--Pascal

> Le Dark Burger était disponible en quantités très limitées : 250 par restaurant participant à l'opération. Autant dire qu'il fallait se dépêcher de venir le déguster.
> —Stéphane

I 2012
PROMOTION STAR WARS
I RESTAURANTS QUICK I

Ils l'ont fait ! des burgers inspirés de Dark Maul, Yoda, et un Dark Burger épicé au pain noir ! L'imagination n'a plus de limites quand il s'agit de faire la promotion de Star Wars. Avec bon goût en plus ! C'est fort, c'est étonnant et c'est gagnant !!! Il y avait également tout un ensemble de gadgets et produits promotionnels à collectionner.

I 2012

PROMOTION STAR WARS

I RESTAURANTS QUICK I

Tout comme Moff Jerjerrod (Retour du Jedi), l'équipe marketing de Quick redoubla d'efforts pour la campagne publicitaire avec de nombreux PLV de différents formats pour l'affichage en vitrine, des mobiles, des banderoles de plusieurs mètres pour l'affichage externe, jusqu'aux tenues du personnel. Une opération inégalée en bien des points.

2011
CÉRÉALES EPISODE I 3D
KELLOGG'S

De nouvelles céréales pour la promotion de l'Episode I 3D, des jeux à découper, et quatre cuillères translucides aux couleurs d'Anakin, R2-D2, Dark Maul, Yoda, qui révèlent à la lumière le personnage associé… de quoi décupler l'appétit de tout padawan.

I 2012
LES JOUETS STAR WARS AUX ARTS DÉCORATIFS

Ce fut une première mondiale, enviée par les collectionneurs du monde entier – une exposition dédiée aux jouets. Une vraie madeleine de Proust faisant la part belle aux originaux des années 1970, du prototype d'emballage et de jouet uniques aux produits de masse. Cerise sur le gâteau, on pouvait y admirer les peintures originales de Siudmak et des frères Hildebrandt. Les invités conviés au vernissage recevaient ce carton d'invitation en forme de masque du seigneur Vador, et les clients de la BRED pouvaient commander l'une de ces cartes bancaires.

I 2014-2017
CASQUES STAR WARS
I EDITIONS ATLAS / ALTAYA I

Sur le principe des collections précédentes, cette série de 80 casques miniatures met en avant les casques emblématiques de la Saga Star Wars.

I 2014
EXPOSITION STAR WARS IDENTITIES

Star Wars revint en force avec cette exposition au parcours interactif, magnifiquement mise en scène avec ses galeries de vaisseaux, de personnages, et de croquis originaux. Le magazine Télé7Jours offrit des autocollants issus des 7 visuels phares de l'exposition, et la publicité s'invita sur les façades des bus parisiens, comme en 1980.

I 2015
YAOURT À BOIRE
I DANONE I

De nouveaux produits dérivés furent commercialisés début 2015 en anticipation de la sortie en salles du film « Le Réveil de la Force ». Et comme à l'époque, ces premiers produits ne montraient que des personnages déjà connus du public.

I 2015
LES NUMÉRO 1

L'engouement suscité par un nouveau film depuis 10 ans permit de relancer les magazines spécialisés dédiés à l'univers Star Wars, ici décliné sur de nombreux thèmes, sans oublier les couvertures collector.

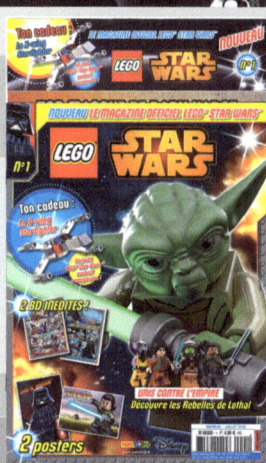

| 2015
PRÊT À PORTER
| CELIO |

2015 fut la grande année Star Wars pour Celio avec une vaste gamme pour la fête des pères, puis pour Noël… T-shirts, pantoufles, portefeuilles, chaussettes, hoodie…

Quelques R2-D2 furent conçus spécialement pour décorer les plus grands magasins, à partir de plastique imprimé, de carton, et d'un saladier Ikea pour le dôme. Ayant réussi à négocier le fameux robot la veille de Noël, j'eu un succès énorme dans le métro en rapportant le célèbre droïde chez moi.
--Stéphane

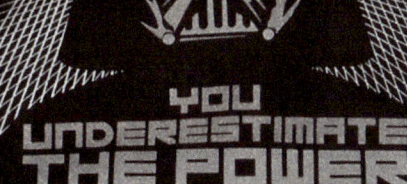

I 2015 I 2016
COSMIC SHELLS
I LECLERC I

Une pochette de Cosmic Shells offerts tous les 30 euros d'achats, pour collectionner 54 jetons à ranger dans un beau classeur. Telle était l'offre des magasins Leclerc à l'approche de la sortie du « Réveil de la Force ». L'opération eut un tel succès qu'elle fut renouvelée l'année suivante pour la sortie de « Rogue One », complétée d'une Cosmic Box pour une expérience interactive.

| 2015

MAROQUINERIE & STYLO

| S.T. DUPONT |

Quand une grande maison Française de Luxe développe une gamme sur le thème de Star Wars en alliant classe, discrétion, et style ; cela donne de beaux articles de maroquinerie comme ce porte-billets ou cet étui à téléphone… La palme de l'originalité revient à ce porte stylo en forme de Chasseur-X : le stylo en palladium pour fuselage, deux recharges pour les canons lasers, et un socle miroir pour parachever la symétrie.

| 2015

CÉRÉALES EPISODE 7

| KELLOGG'S |

Cette gamme de céréales Nestlé pour le « Réveil de la Force » fut impressionnante, comme le dirait si bien le Seigneur Vador. Pas moins de 15 boîtes différentes, des embouts de crayons avec un petit décor à découper, des bandes dessinées numériques ; le tout mis en valeur par un stormtrooper du Nouvel Ordre taille réelle et un comptoir R2-D2.

Nestlé
Garantie avec du blé COMPLET
CHOCAPIC
CHOCO NOISETTE
STAR WARS
LE RÉVEIL DE LA FORCE
OFFERT
CHOCAPIC
DUO
OFFERT UN EMBOUT CRAYON
COOKIE CRISP
Nesquik

STAR WARS
LE RÉVEIL DE LA FORCE
SEULEMENT AU CINÉMA
#LeReveilDelaForce
@Céréales Lion

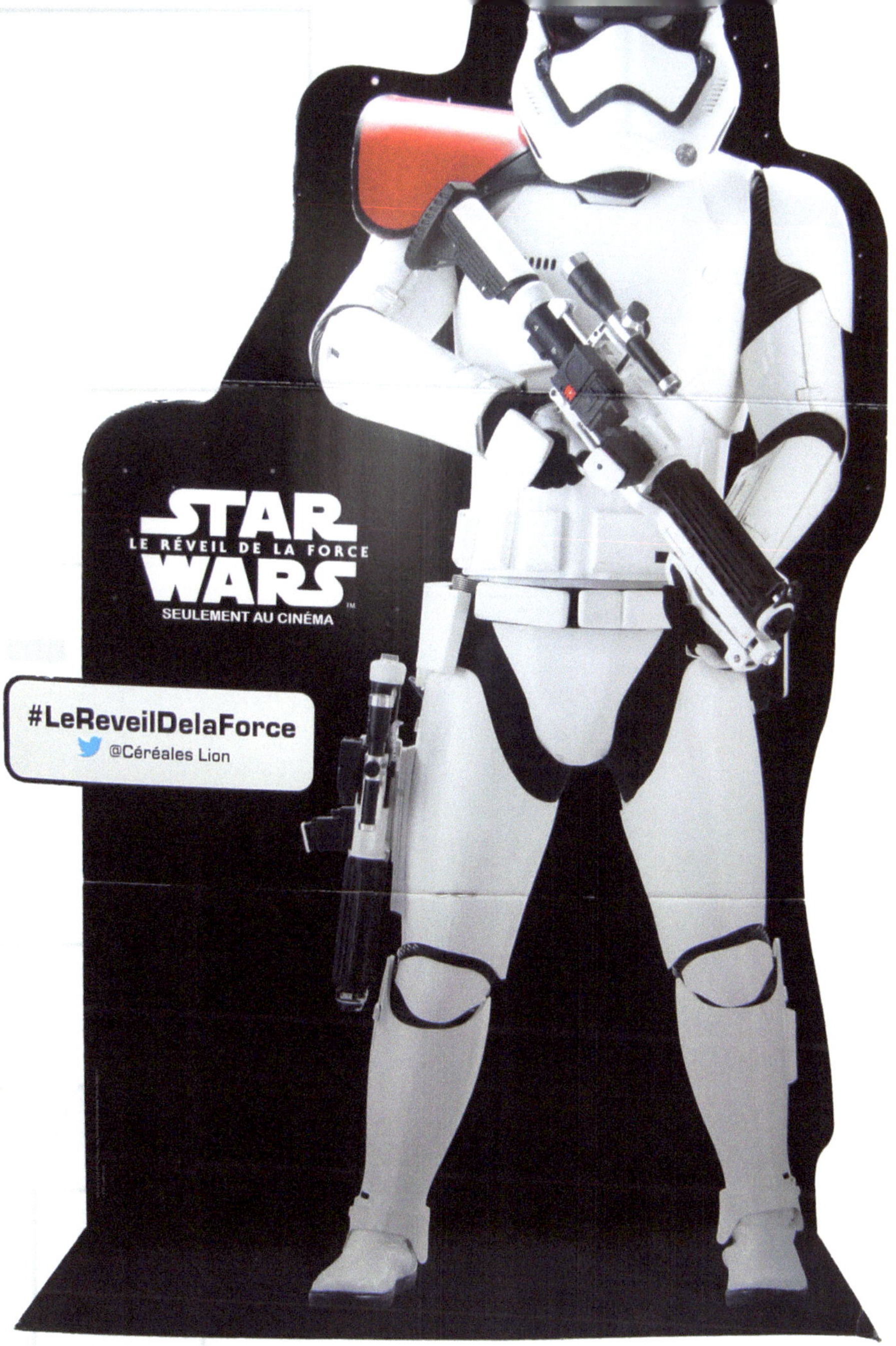

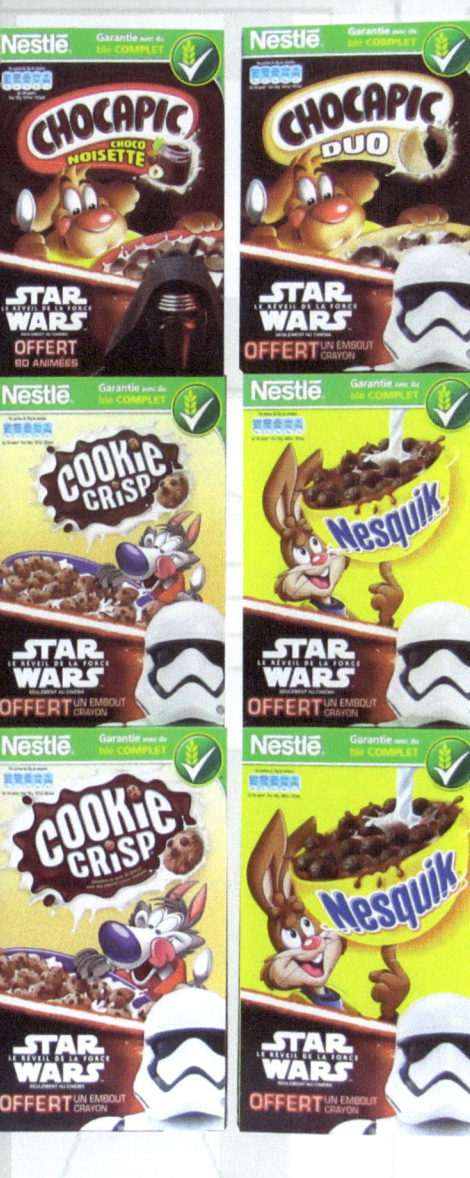

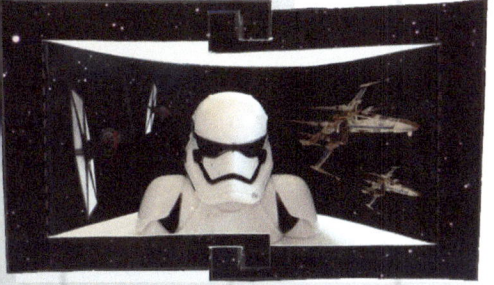

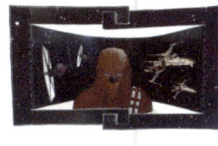

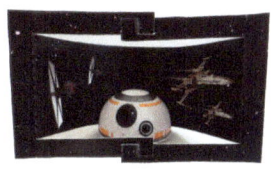

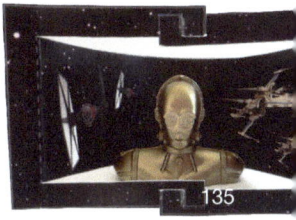

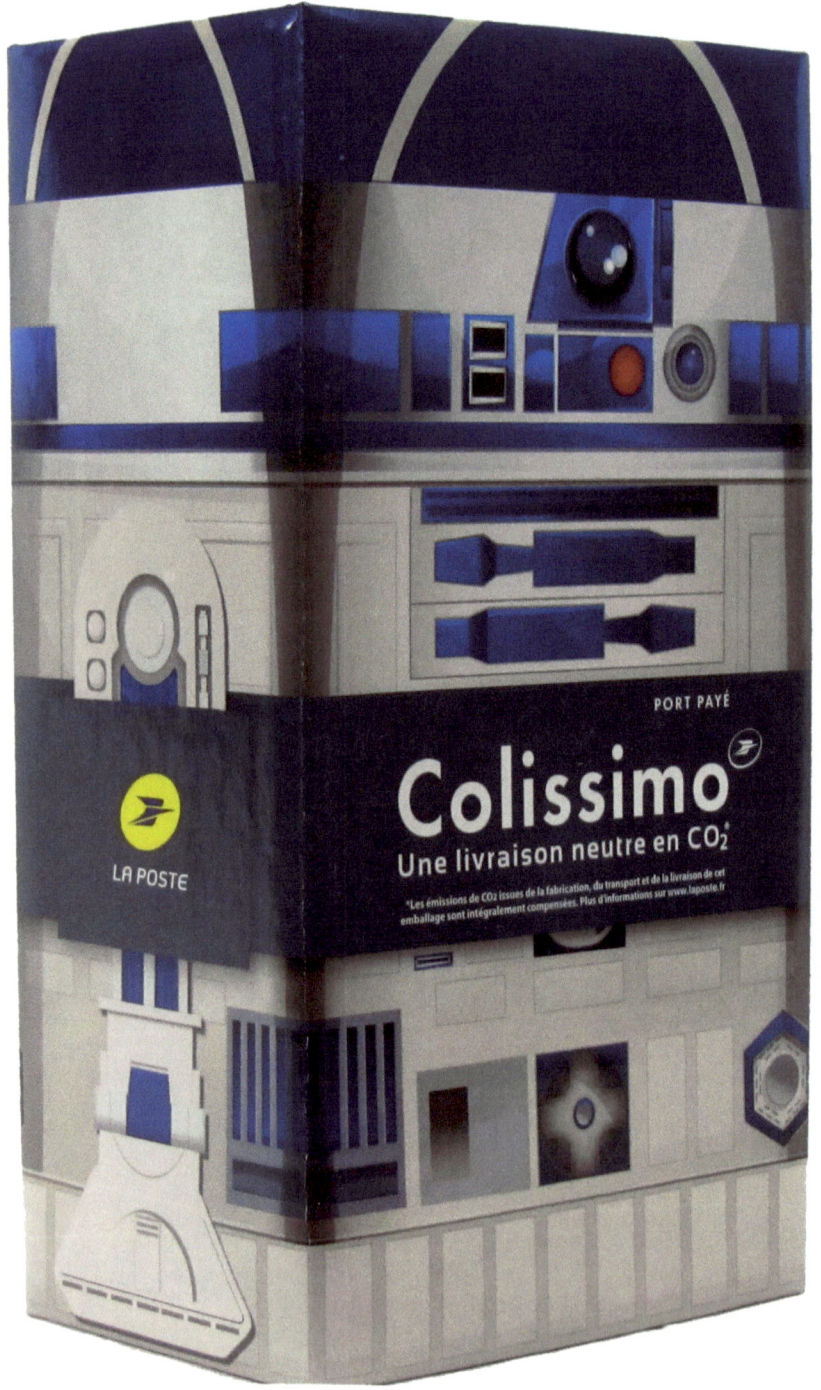

| 2015

PRÊT A POSTER EPISODE 7
| A POSTE |

La Poste française frappa très fort sur le thème de l'Episode 7 en vue des fêtes de fin d'année : une pochette collector de quatre timbres autocollants, des timbres à imprimer, un maxi-timbre connecté, des cartes de vœux classiques et origami, un jeu à gratter, et un emballage Colissimo à l'effigie de R2-D2… Collector ou emballage ? qui sait combien de colis ont réellement été postés ! L'opération fut relayée par une importante campagne publicitaire dans les centres de tri, sur la flotte de véhicules, et au travers d'un spot télévisé spécial dédicace aux collectionneurs.

STAR WARS

Participez au Grand jeu STAR WARS™

1 produit série limitée acheté = 1 chance de gagner :

2 places pour une projection privée à Paris le 16 décembre,

1 voyage pour 2 en Islande, l'un des lieux de tournage de Star Wars : le réveil de la Force et plein d'autres cadeaux…

www.laposte.fr/jeu-starwars

Règlement complet disponible sur www.laposte.fr/jeu-starwars, jeu valable du 16/11 au 31/12/2015, à partir de 7€ TTC d'achat.

| 2015

BOUTEILLES D'EAU
| VOLVIC |

Seuls ceux qui y ont goûté pourront dire si l'eau Volvic Star Wars contient plus de midi-chloriens que la version traditionnelle. En complément des grands formats 1.5L, Volvic développa ces formats « mascottes » à la forme de cinq personnages iconiques de la saga, vendues à l'unité mais aussi en coffret collector limité auprès du site officiel.

I 2015
PILES EPISODE 7
I DURACELL I

Suivez le lapin rose, donnez vie à vos jouets Star Wars ainsi qu'aux autres objets usuels avec ces piles Duracell.

2016 |
FERMETURE STAR TOURS
| DISNEYLAND PARIS |

Le 16 mars 2016 fut une soirée mémorable à double titre. La fameuse attraction fermait après plus de vingt ans de service, mais tel le phénix, c'était pour mieux renaître en version 2.0… c'était surtout l'occasion pour les heureux détenteurs d'une invitation, de passer toute la soirée dans le Star Speeder à destination d'Endor !! A l'expérience s'ajoutaient des goodies comme un Pins limité et une pièce commémorative Monnaie de Paris.

—Stéphane

TÊTE ROTATIVE ET COMPARTIMENT POUR LE SABRE LASER

BRAS EXTENSIBLES

I 2016

R2-D2 À MONTER
I D'AGOSTINI / ALTAYA I

Le plus célèbre droïde astromécano de la galaxie à assembler sur le principe de l'abonnement hebdomadaire en 100 numéros… une réplique hautement détaillée et bourrée d'électronique.

I 2016
BUSTES STAR WARS
I EDITIONS ALTAYA I

Une collection de 60 bustes en résine fidèlement reproduits, peints à la main, et numérotés, et la possibilité d'obtenir des modèles plus rares pour satisfaire les collectionneurs les plus assidus. Initialement testée dans certaines régions de France début 2016, il fallut patienter plus d'un an pour voir cette série officialisée auprès des détaillants.

I 2016
COFFRETS FIGURINES EXCLUSIVES
I CARREFOUR I

J'eus la bonne surprise de découvrir ces figurines Carrefour, finement réussies et ressemblantes, qui tranchaient avec certaines productions malheureuses des années 1990. Il fallut faire appel à la force pour ne pas céder à la tentation de tout acheter !
—Jean

I 2016

COFFRETS RASOIRS ROGUE ONE
I GILLETTE I

En 2016, Gillette profitait de la sortie ciné du premier spin off de Star Wars, Rogue One, pour commercialiser ces produits qui n'avaient de collector que l'emballage. Un juste retour quand on sait que le talkie-walkie utilisé par Qui Gon Jinn dans La Menace Fantôme était fait avec un… Gillette Sensor Excel.

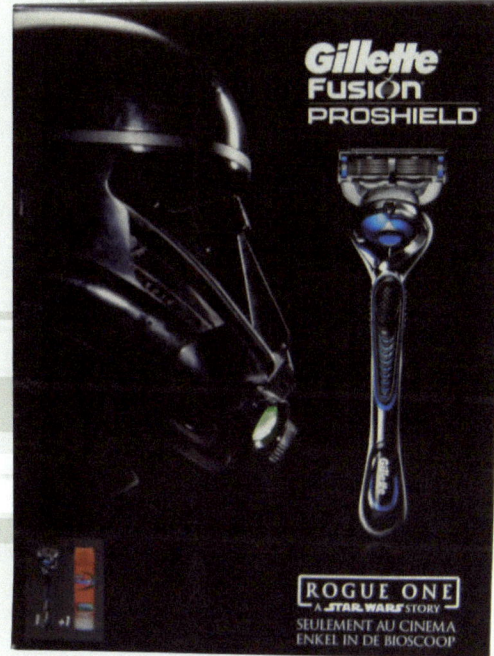

I 2016
PANSEMENTS STAR WARS
I HANSAPLAST I

Un collector pour enfants et parents… Trois boîtes et 16 pansements différents à collectionner pour choisir le héros adapté à la blessure… sans que cela ne devienne un prétexte à des jeux dangereux…

| 2016

ACCESSOIRES JOUR DE LA LECTURE
| DISNEY |

Initiée en 2015, l'opération « Star Wars fête le livre » revenait en 2016 avec un matériel promotionnel spécifique accompagnant les événements et partenariats éditeurs associés. Une campagne relayée dans plus de 400 enseignes pour promouvoir la lecture à travers la France.

I 2016

CÉRÉALES ROGUE ONE

I KELLOGG'S I

A l'approche de la sortie de Rogue One au cinéma, Kellogs commercialisa cette série de boîtes collector petits et grands formats, basée sur… Le Réveil de la Force. Une campagne au dépit du bon sens, et sans primes à l'intérieur…

I 2016
ÉVENTAILS DE RÉVISION
I PLAYBAC I

Quelle meilleure motivation pour un enfant que d'apprendre avec ses héros préférés. Du CP à la 6ème, chaque cahier éventail comprend plus de 300 questions et quizz issus des programmes scolaires officiels. La mention ne dit pas si Mickey peut intervenir en cas de résultats inférieurs aux attentes…

I 2016
COFFRETS DE FÈVES
I DISNEY I

Star Wars retrouvait l'épiphanie après 10 ans d'absence avec ces coffrets collector Rogue One.

| 2017

PORTE CLÉS STAR WARS FRANÇAIS
| SD TOYS |

Bien qu'arborant un packaging Star Wars générique, ces trois porte-clés sont une exclusivité française commémorant les logos de la Trilogie originelle, chacun limité à 1000 exemplaires.

| 2017

COFFRET COLLECTOR LUNETTES
| OPAL |

Ces lunettes de fabrication française, faites de matériaux à la pointe de la technologie, furent produites pour le quarantième anniversaire de la Guerre des Etoiles. Si vous croisez quelqu'un les portant, il est l'un des 3000 heureux détenteurs de ces éditions numérotées.

I 2017

BOUTEILLES DE LAIT
I LACTEL I

Une nouvelle première pour la France avec ces bouteilles de lait aux couleurs du Réveil de la Force. Elles étaient réparties aléatoirement en packs de 6 ou 8, et il fallait intervertir les bouteilles pour repartir avec une série complète.
--Jérôme

I 2017
PRIMES RESTAURANT
I RESTAURANTS FLUNCH I

Ce jeu de dames de voyage était offert par les restaurants Flunch, une alternative sympathique et ludique aux traditionnels aimants et autres gadgets.

| 2017

MICROPOPZ
| LECLERC |

Les magasins Leclerc s'associaient de nouveau à Star Wars pour la sortie des Derniers Jedi. L'opération consistait à collectionner 25 mini-bustes « MicroPopz » au passage en caisse ainsi qu'un coffret collector présentoir en forme de Faucon Millénaire. Chaque figurine est dotée d'une ventouse permettant de la fixer n'importe où pour un effet décoratif immédiat.

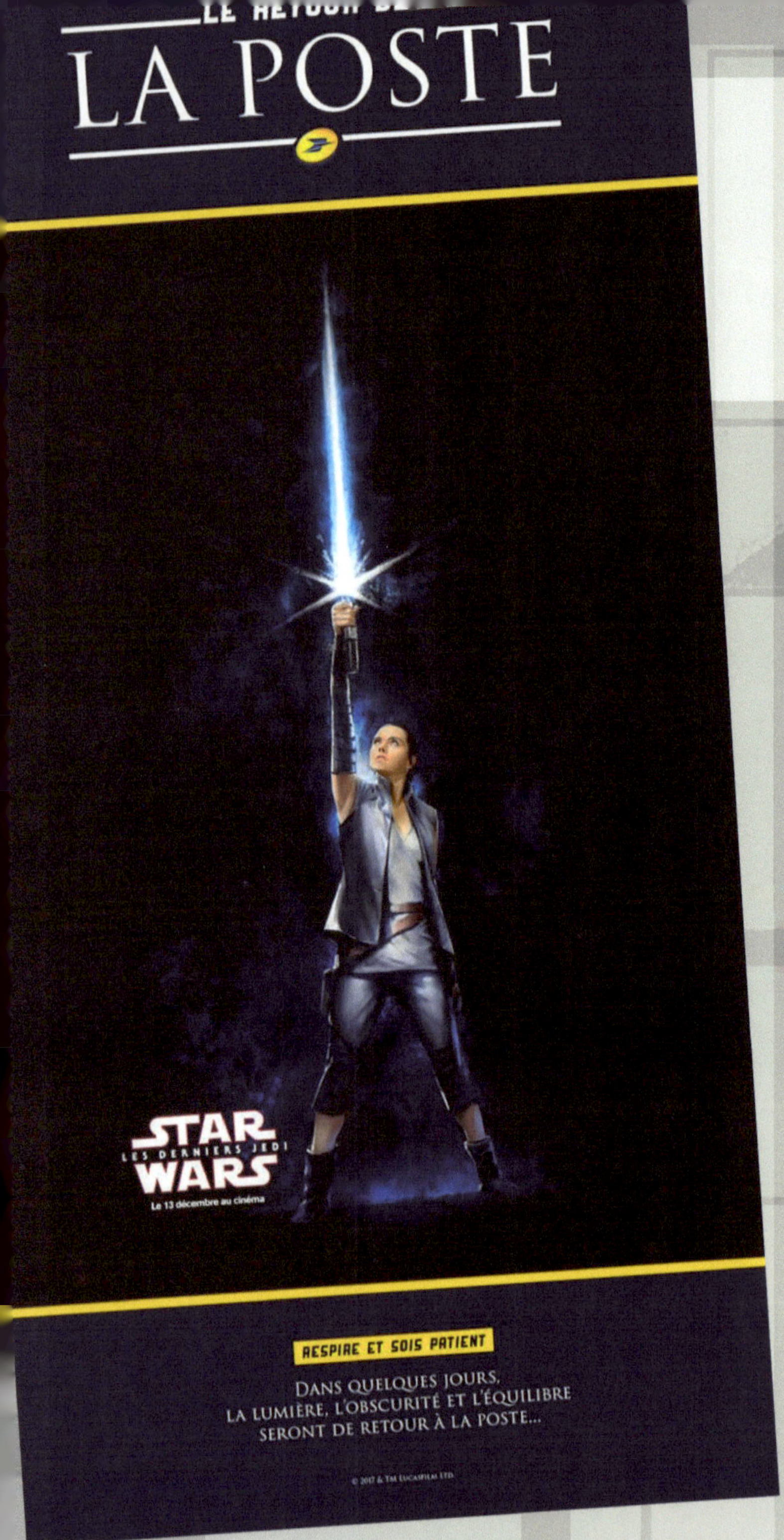

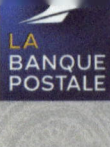

LA POSTE
STAR WARS
LES DERNIERS JEDI
Le 13 décembre au cinéma
RESPIRE ET SOIS PATIENT
DANS QUELQUES JOURS,
LA LUMIÈRE, L'OBSCURITÉ ET L'ÉQUILIBRE
SERONT DE RETOUR À LA POSTE...
© 2017 & TM LUCASFILM LTD.

LA BANQUE POSTALE
STAR WARS
LES DERNIERS JEDI
Le 13 décembre au cinéma
CARTE PRÉPAYÉE DE LA BANQUE POSTALE(1) SÉRIE SPÉCIALE STAR WARS™
Une seconde carte utile pour gérer une enveloppe «projets» (vacances, cadeaux de Noël...).
LE 13 DÉCEMBRE AU CINÉMA
4970 1012 3456 7890
PREPAYE
EXPIRE A FIN 00/00
MME INES DEMONCEAU
VISA

LA BANQUE POSTALE
STAR WARS
LES DERNIERS JEDI
Le 13 décembre au cinéma
CARTE REGLISS(1) SÉRIE SPÉCIALE STAR WARS™
La carte «argent de poche» pour les 12-17 ans.
regliss
LE 13 DÉCEMBRE AU CINÉMA
4970 1012 3456 7890
PREPAYE
EXPIRE A FIN 00/00
MME INES DEMONCEAU
VISA

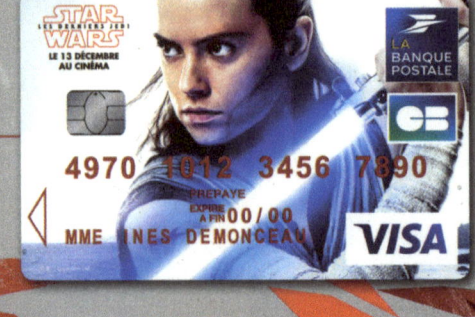

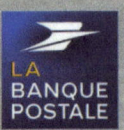

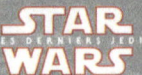

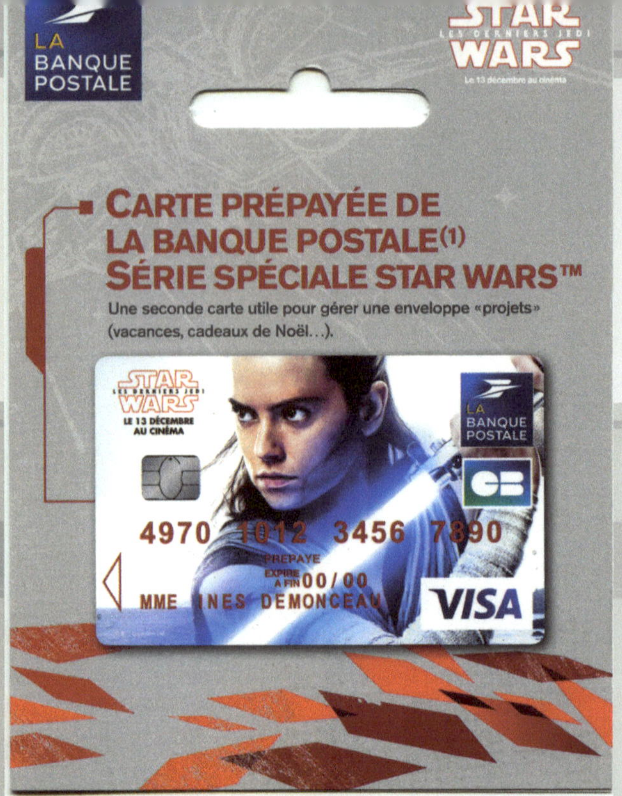

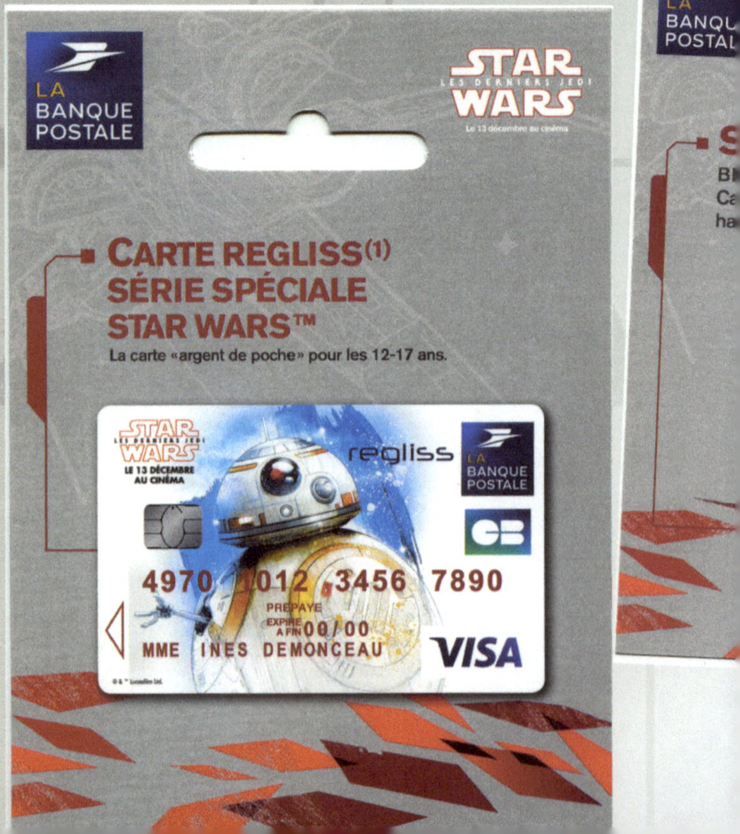

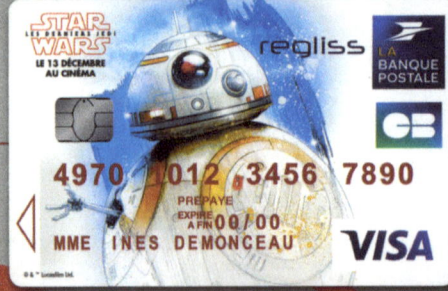

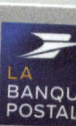

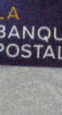

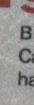

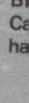

| 2017

GAME ÉPISODE 8
| LA POSTE |

Restez connectés tout azimuts avec la gamme de produits La Poste estampillés Episode 8. Aux traditionnels timbres collector, s'ajoutaient les services mobiles et internet, et les moyens de paiement avec des cartes bancaires prépayées. La promotion fut assurée par un ensemble de posters et PLV difficiles à se procurer.

| 2017

KIT CINÉMA LES DERNIERS JEDI

Quatre décennies de Guerre des Etoiles s'achevaient avec la sortie Des Derniers Jedi. Pour profiter pleinement de la séance, les cinémas UGC proposaient un seau à Popcorn accompagné d'une bouteille collector Coca Cola parmi 6 modèles à l'effigie des héros de l'Episode 8.

LE GUIDE DE POCHE MECCANO TRILOGO
220 PAGES II *2016*

Ce livre est l'outil idéal pour vous accompagner dans la collection des figurines Meccano et Trilogo de la Guerre des Etoiles. Le Guide de Poche revient à l'ESSENTIEL : une ressource indispensable aux collectionneurs, pour gérer efficacement votre collection, pouvant être utilisée et consultée partout.

Il présente les figurines en blister de la gamme Française Meccano en 1978 jusqu'à la gamme Européenne Trilogo en 1985, et contient les informations clé et indispensables: une introduction à chaque série, une GRANDE photo pour chaque carte blister, sélectionnée parmi les meilleures répertoriées durant deux décennies de collection, les variations de RECTO/VERSO, la CHECKLIST du collectionneur, ainsi qu'un indice de rareté sur une échelle commune à toutes les séries de figurines.

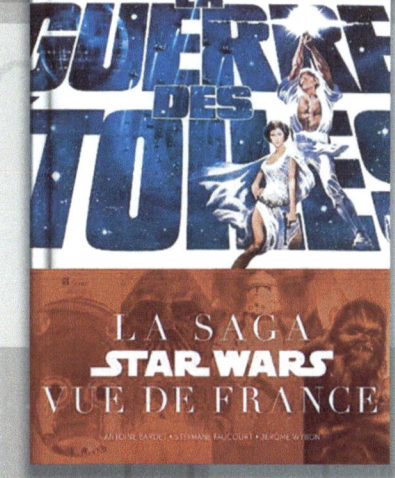

LA GUERRE DES ÉTOILES
LA SAGA STAR WARS VUE DE FRANCE
224 PAGES II *25 X 32 CM*
HUGINN MUNINN EDITIONS (2015)

LA FRENCH TOUCH
ÉDITION ACTUALISÉE
274 PAGES II *2016*

Le Guide complet des produits collector de la Guerre des Etoiles de 1977 à 1987. Largement plébiscité par la communauté des collectionneurs et fans. C'est l'ouvrage le plus COMPLET sur le merchandising et marketing des produits Star Wars en France.

Il retrace l'histoire de l'ensemble des produits dérivés Français de cette période [dont certains non-répertoriés ou restés à l'état de «légendes»], en incluant les gammes de jouets MECCANO et TRILOGO. Il présente les visuels de CHAQUE produit (toutes catégories), ainsi que les moyens marketing et publicitaires associés, via de nombreux documents destinés au public et aux professionnels. Il retrace également la réception qu'eurent les films de la saga originale en France, via une large sélection de presse et de références documentaires. Plus de 1500 incroyables illustrations et photographies.

MECCANO TO TRILOGO
COMMEMORATIVE EDITION
148 PAGES II *2006*

I 1977-2017
QUATRE DECENNIES D'AFFICHES FRANÇAISES

En guise de conclusion, un coup d'oeil à cette double page suffit pour mesurer l'amour de la France pour la Guerre des Etoiles avec une qualité inégalée dans la conception des affiches. La France, avec sa patte originale sur les produits dérivés, sera toujours au rendez-vous.

--Jean

www.ingramcontent.com/pod-product-compliance
Lightning Source LLC
Chambersburg PA
CBHW041122300426
44113CB00002B/35